KB270696

전남대학교 여수엑스포지원특성화사업단 총서 03

여수대표문화상징 50선

전남대학교 여수엑스포지원특성화사업단 총서 03
여수대표문화상징 50선

초판1쇄 찍은 날 2008년 12월 31일
초판1쇄 펴낸 날 2008년 12월 31일

지은이 이철, 변동명, 노시훈, 홍성흡, 최인선, 송은일, 김만호
펴낸곳 전남대학교 여수엑스포지원특성화사업단
주　소 500-757 광주광역시 북구 용봉로 77(용봉동) 전남대학교 용지관 403호
전　화 062-530-4083
팩　스 062-530-4083

만든곳 도서출판 심미안
주　소 503-821 광주광역시 남구 양림동 24-18번지 2층
전　화 062-651-6968
팩　스 062-651-9690
이메일 simmian03@hanmail.net
등　록 2003년 3월 13일 제05-01-0268호

ISBN 978-89-91329-94-2 94080

값 15,000원

여수대표문화상징 50선

YES
YEOSU EXPO SUPPORT GROUP
전남대학교 여수엑스포지원특성화사업단

전남대학교 여수엑스포지원특성화사업단은 박람회의 성공적인 개최를 지원하는 지역거점대학의 특성화된 역할을 부각시켜, "여수 엑스포의 아이디어 파트너, 전남대학교 여수엑스포지원특성화사업단"이라는 비전을 제시한다. 사업단이 관련 주체들과의 파트너십을 바탕으로 성공적인 박람회 개최에 필요한 창조적 아이디어와 핵심 역량을 제공한다는 것이다. 창조적 아이디어와 핵심 역량이란 전문지식, 인재 육성, 네트워크 구축 등 소프트웨어(software)와 휴먼웨어(humanware)를 의미한다.

심미안

2012년 5월 여수에서는 3개월 동안 세계박람회가 개최됩니다. '살아있는 바다, 숨 쉬는 연안(The Living Ocean and Coast)' 이라는 주제를 통해 전 인류에게 '위기의 바다'를 '희망의 바다'로 바꾸기 위한 비전을 제시함으로써, 바다와 연안의 보존을 위한 인류의 공동 노력의 필요성을 인식하고 논의하는 매우 뜻 깊은 자리가 될 것으로 전망됩니다. 우리는 박람회장을 찾는 분들은 물론 모든 지구인에게 환경개발과 보존의 조화를 통해 자연과 인간, 선진국과 개도국이 다함께 번영할 수 있는 메시지를 전달할 수 있기를 희망합니다.

세계박람회는 1851년 시작하여 인간, 문화, 경제, 평화, 환경, 테크놀로지 등을 주제로 총 105회가 개최되었습니다. 세계박람회를 개최한 대부분의 국가는 선진국의 반열에 올랐다는 사실에서 2012 여수 세계박람회가 지역발전은 물론, 우리나라가 선진국의 반열에 진입하는 중요한 계기가 될 것임을 확인할 수 있습니다. 이 행사가 성공적으로 개최되어야 할 이유가 바로 여기에 있습니다.

박람회가 성공하기 위해서는 수많은 요인들이 함께 고려되어야 할 것입니다. 무엇보다도 명확한 목표의식과 함께 전통과 문화에 대해 통찰력 있는 주제의식이 있어야 하며, 이는 시대 의식과도 일치해야 할 것입니다.

엑스포의 성공을 위해 대학이 담당해야 할 역할도 작지 않습니다. 최근 개최되었거나 개최 예정인 세계박람회는 대학이 어떤 역할을 수행해야 하는지를 잘 보여주고 있습니다. 2005년 일본의 '아이치 세계박람회'는 인근 나고야 대학의 환경 관련 포럼과 시민교육에 힘입어 성공적으로 개최되었습니다. 2010년에 개최될 '상하이 세계박람회'는 대회 유치에서부터 준비까지 상하이에 소재한 대학들이 주도하고 있습니다. 대학은 박람회를 성공적으로 견인할 수 있는 학술적·교육적 역량과 인프라를 가장 잘 갖추고 있기 때문일 것입니다.

전남대학교는 박람회의 성공적 개최에 필요한 브레인풀을 제공하고, 지역의 새로운 성장 동력을 찾을 수 있도록 발전전략을 제시하며, 박람회 관련 각종 콘텐츠 및 기술 개발과 박람회의 기획·관리·진행에 필요한 전문 인력을 양성할 수 있는 풍부한 교육 인프라와 경험을 모두 갖추고 있습니다.

전남대학교의 여수세계박람회 지원 사업은 여수캠퍼스의 수산·해양문화 분야의 특성화에 기여하고 대학의 경쟁력을 제고시킬 수 있는 절호의 기회이기도 합니다.

'전남대학교 여수엑스포지원특성화사업단'은 2008년 4월 출범하여 학술기반조성사업, 문화콘텐츠개발사업, 인력양성사업을 수행하고 있습니다. 본 총서는 그 노력의 결실이라 할 수 있습니다. 이제 이러한 결실들이 모아져 여수세계박람회의 성공적 개최를 견인하고 지역과 국가발전을 선도할 것을 기대합니다. 특히 여수세계박람회가 개최되는 2012년은 전남대학교 개교 60주년이라는 뜻 깊은 해인만큼 그 동안 쌓아 온 우리의 소중한 성과와 경험들이 여수세계박람회에 좋은 밑거름이 될 수 있기를 기원합니다.

2008년 12월

전남대학교 총장 김 윤 수

자연

천혜의 항구, 신비로운 자연

- **위치** 여수 삼산면 거문리
- **면적** 0.424㎢(거문도)
- **해안선** 3.7㎞(거문도)
- **주소득원** 수산업(갈치, 삼치, 농어, 우럭 등 각종 수산물)

거문도의 자연환경

거문도 섬 일대는 다도해해상국립공원에 속해 있다. 거문도라고 할 때에는 보통 고도(孤島, 古島), 서도(西島), 동도(東島) 세 섬을 말한다. 그래서 삼도(三島)라고도 부른다. 이 세 섬들이 방파제처럼 둘러쳐져 내해를 이루고 있는데 그로 인해 삼호(三湖), 삼주(三洲), 석주락포(石洲樂圃) 등의 다른 이름도 있다. 이러한 자연환경은 큰 배가 드나들 수 있는 천혜의 항구를 만들었다. 때문에 거문도항은 종종 열강의 침입을 받았다.

최고봉인 동도의 망향산(247m)을 비롯하여, 서도의 음달산(237m)·수월산(128m) 등 비교적 경사가 급한 산지로 이루어져 있다. 해안은 외탄갑·다렝이끝·취끝·대매지끝 등 작은 돌출부가 많고 드나듦이 심하다. 대부분 암석해안으로 동도의 남쪽 해안은 높은 해식애가 이루어져 있다.

거문도는 대체로 뚜렷한 사계절을 볼 수 있는 온대 계절풍 기후 지역에 속한다. 여름철에는 고온 다습하나 바다에서 불어오는 바람의 영향으로 시원한 편이고, 한겨울에도 한랭 건조한 북서풍이 불어오지

만 따뜻한 해양성 기후를 보인다. 연평균 기온은 14℃, 강수량은 1,400㎜ 정도이다. 주변의 해류로는 제주도에서 북상한 쿠로시오 난류의 일부가 통과한다. 농작물로 고구마·감자·마늘·보리·콩·유채·참깨·양파 등이 생산되지만 자급하기에도 부족하다. 연안 일대에서는 삼치·멸치·장어·도미·갈치 등이 주로 잡히며, 자연산 굴·미역·조개류 등의 채취와 함께 최근에는 미역양식업이 시도되고 있다.

취락은 동도 서쪽 해안가인 유촌·죽촌마을, 서도의 북쪽 서도리·남쪽 덕촌리, 고도 서쪽 해안가에 주로 집중되어 있다. 세 섬으로 둘러싸인 도내해(島內海)는 파도가 잔잔하고 수심이 깊으며, 거문항이 있는 고도 일대의 수역은 근해·원양 어업의 전진기지로, 서도는 연안항로의 기항지로 중요한 역할을 한다.

거문도의 역사와 문화

언제부터 사람들이 살았는지에 대해 정확히 밝혀진 바는 없다. 다만, 석기시대의 유물, 패총(貝塚), 고인돌 등이 발견된 것으로 보면,

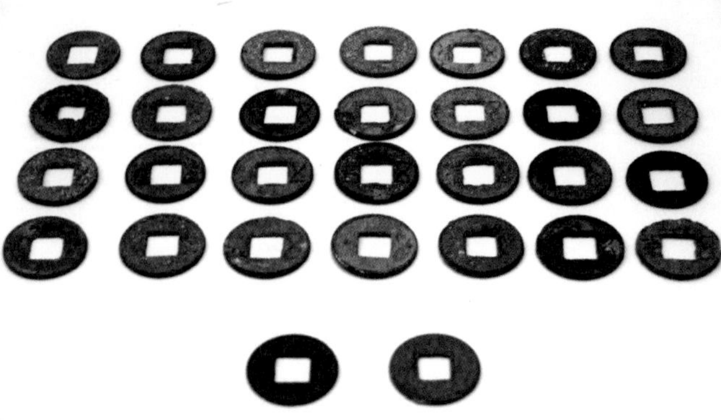

이미 수천 년 전부터 사람들이 살았을 것으로 추정된다. 특히 1976년 장촌 뒤에 있는 이끼미 해안 모래밭에서는 기원전 1세기부터 기원후 3세기에 걸쳐 중국 한나라 시대에 사용된 화폐 오수전(五銖錢)이 980여 점이나 발견되었다. 이는 이미 중국과 교역이 있었거나, 중요한 항로 중의 하나였음을 추정할 수 있는 중요한 증거가 된다.

거문도는 본시 흥양현(현 고흥군)에 속하였고, 1701년 통영으로 군정을 이관하여 별장을 두다가 1855년 흥양현으로 복귀하였다. 1885년(고종 22)에는 영국이 러시아의 남하를 막는다는 구실로 이 섬을 불법 점령하였고, 우리는 이를 '거문도사건' 이라고 부른다. 이때 잠깐 '해밀턴항' 으로 불렸다. 고종이 1887년에 거문도 동도에 거문진을 설치하였으나, 다시 거문진을 폐하고 초도, 손죽도를 상도, 거문도를 하도라 하여 1896년 돌산군에 편입시켰다. 그리고 1910년 상·하도를 합해 삼산면이라 하였다. 1914년 여수군에 편입되고 다시 1949년 여천군에 속하였다. 1998년 삼려통합으로 인하여 현재는 여수시로 편입되어 있다.

동도 유촌마을에는 귤은(橘隱) 선생을 기리는 '귤은당' 이 있다. 귤은 김류(金瀏, 1814~1884)는 삼산면 유촌리에서 태어난 유학자로, 노사 기정진(奇正鎭)의 문하생이 되었다가 이후 고향에 돌아와 아이들

1. 오수전(국립광주박물관 소장). 1976년 장촌 뒤에 있는 이끼미 해안 모래밭에서는 기원전 1세기부터 기원후 3세기에 걸쳐 중국 한나라 시대에 사용된 화폐 오수전(五銖錢)이 980여 점이나 발견되었다.
2. 3. 거문도 풍경
4. 거문도항

거문도(巨文島), 백노(白島) 13

을 가르치고 주민들을 교화시켰다. 영국 함대가 거문도를 무단 점거하는 사건이 일어나자 거문도에 오게 된 청나라 수군 제독 정여창이 선생의 제자들과 필담을 나눌 때, 이 섬의 뛰어난 학문에 놀랐다고 전해지고 있다. 또 섬 안에는 영국군의 거문도 점령 당시 이곳에서 사망한 영국군 수군 묘비 3기가 남아 있다.

백도의 자연환경

백도는 지형 및 지질 발달과 다양한 구성 암석이 풍화, 해식, 절리 등에 의해 형성된 자연 경관이 아름다워 1979년 명승 제7호로 지정되었고, 1981년에는 다도해해상국립공원으로 지정되었다. 백도의 수리적 위치는 동경 127° 34′ 50″~127° 37′ 00″, 북위 34° 01′ 30″~34° 03′ 50″이며, 거문도에서 동쪽으로 25.6㎞ 떨어져 있다. 행정 구역상으로는 전라남도 여수시 삼산면 거문리에 속한다. 총 면적은 641,130㎡이다.

백도는 사람이 살지 않는 39개의 섬들로 이루어졌는데, 때때로 물에 잠기는 바위섬까지 합하면 99개로 백 개가 조금 안 되어 일백 백(百)자가 아닌 흰 백(白)자를 붙였다고 한다. 섬 전체가 온통 하얗게 보인다고 해서 백도라 했다는 이야기도 있다. 백도는 해수면 아래에

1, 2. 백도. 백도는 지형 및 지질 발달과 다양한 구성 암석이 풍화, 해식, 절리 등에 의해 형성된 자연 경관이 아름다워 1979년 명승 제7호로 지정되었고, 1981년에는 다도해해상국립공원으로 지정되었다.

도 수많은 산봉들이 잠겨 있어 한반도 남해안의 다도해와 함께 리아스식 해안의 특성을 잘 보여준다. 북쪽에 있는 섬들을 상백도, 남쪽에 있는 섬들을 하백도라 한다.

백도는 바람이 센 편이지만, 연 강수량이 비교적 많아서 식물이 자라는 데에는 크게 문제되지 않는다. 하지만 대부분이 바위로 구성되어 흙이 깊지 않아 식물 크기는 작고 땅바닥에 붙어있는 모양을 하고 있다. 풍란·장수란·땅채송화·쇠뜨기 등 350여종의 귀중한 아열대 식물들이 있다.

주변해역은 수심이 깊고 해류의 이동이 심하여 각종 어족이 풍부하여 거문도 어장의 중심지 역할을 하고 있다. 조기·갈치·돔·민어 등이 유명하며, 태고의 신비를 간직한 기암절벽과 멋진 나무들이 많다. 또한 가마우지·휘파랑새·장박새·동박새·흑비둘기류를 비롯하여 30여 종의 조류가 살고 있다. 이중 매, 새매, 황조롱이, 흑비둘기 4종은 천연기념물로 지정되어 있다. 자연의 신비함을 간직한 기암절벽과 괴목이 곳곳에 있으며, 상백도에는 나루섬·노적섬·매바위·병풍바위·형제바위·오리섬·탕근대 등이, 하백도에는 각시바위·궁성바위·서방바위 등의 바위섬이 많다. 1978년 종합 학술조사가 실시된 바 있으며, 상백도에는 태양열 무인등대가 설치되어 있다.

섬마다 숨어 있는
지구 탄생의 비밀

사도(沙島)
- **위치** 여수 화정면 낭도리
- **면적** 0.4㎢
- **해안선** 6.4km
- **주소득원** 농수산업 및 관광 수입(문어, 게, 미역, 청각)

낭도(狼島)
- **위치** 여수 화정면 낭도리
- **면적** 5.33㎢
- **해안선** 19.5km
- **주소득원** 농수산업(서대, 낙지, 새우, 도다리, 멸치잡이, 맥주맥, 고구마)

사도의 자연환경

사도는 1년 중 바닷물이 가장 많이 빠지는 영등·백중사리 때 7개의 작은 섬이 'ㄷ'자 모양으로 연결된다. 최저 저조가 나타나면 바다 밑바닥이 물 위로 노출되어 육지와 연결되는 현상이 나타나는데, 이를 '육계사주(陸繫沙洲)'라 하고 육지와 연결된 섬을 '육계도(陸繫島)'라 한다. 또한 매년 음력 2월 15일을 비롯해 1년에 5~6회에 걸쳐 인근 추도 사이와의 바다가 갈라지는 '신비의 바닷길', '모세의 기적'이 나타난다. 물이 빠지면서 사도, 추도, 중도, 시루섬, 장사도, 나끝, 연목의 7개 섬을 잇는 폭 11m, 길이 1.5㎞의 바닷길이 열린다. 바닷길을 따라 해삼, 돌김, 파래, 고동, 소라 등을 잡을 수 있다.

뿐만 아니라 해변 가득 피어 있는 들꽃을 따라가면 소나무와 잔디가 어우러진 벚나무 공원과 함께 고운 모래를 자랑하는 사도해수욕장까지 갖춰져 있다. 섬 곳곳에 있는 지붕바위, 갓바위, 병풍바위, 가마섬 동굴 등 기묘한 바위도 볼거리이거니와 용의 꼬리를 닮은 용미암이 유독 눈길을 끈다. 사람들은 제주도의 용두암과 사도의 용미암을 연결시켜 한 마리의 용으로 이야기하고는 한다. 특히 중도에서 하룻

사도 전경. 사도에는 모래
와 바위만 있고 물과 흙이
별로 없다.

밤을 묵게 되면 일출과 일몰을 동시에 볼 수 있다.

사도의 특징적인 것 중에는 모래와 바위만 있고 물과 흙이 별로 없다는 점이다. 이러한 조건들로 인해 사도 주민들은 집집마다 커다란 물탱크를 하나씩 지하에 설치해 놓고 빗물을 받아 식수와 생활용수로 쓰고 있다.

낭도의 자연환경

전라남도 여수시 화정면에 속하는 섬이다. 여수 서남쪽 26.2㎞, 화양반도(華陽半島) 남쪽 3.6㎞ 지점에 있으며, 인근에 적금도(積金島)·둔병도(屯兵島)·조발도(早發島)·상하화도(上下花島)·사도(沙島)가 있다. 낭도산(狼島山, 280.2m)이 위치한 섬 동쪽지역을 제외하면 대부분 구릉지이다. 해안은 만(灣)과 곶(串)이 교대하여 이어지고 있어 해안선의 드나듦이 많다.

1896년 돌산군 옥정면에 속하였으나 1914년 행정구역 개편 때 옥정면과 화개면을 합하여 화정면 낭도리로 개편되었다. 1952년 행정

구역 개편으로 낭도 내에 여산리와 규포리 등이 설치되었고, 1968년
에는 낭도출장소가 개설되었다. 이 섬의 형세가 여우를 닮았다고 하
여 이리 낭(狼)자를 써서 낭도(狼島)라 하였다고 한다. 섬에서 가장 큰
마을은 낭도의 모든 산이 수려하기 때문에 고울 여(麗)자와 뫼 산(山)
자를 써 여산마을이라 한다.

규포마을 뒤편 상산 정상에 있는 봉화대는 임진왜란 때 왜군의 출
몰을 알리기 위하여 세웠다하며, 고흥 팔영산 봉화대에서 신호를 받
아 화양면 장수리 봉화대로 신호를 보내 여수 종고산 봉화대로 연결
했다고 하나 지금은 그 흔적만 남아있다.

연근해에서 감숭어·멸치·장어 등이 주로 잡히며 김·굴·피조개양식
업도 행해지고 있다. 근해수산업의 중심지로서 수산가공업도 발달하
였다. 주변해역은 봄과 여름에 제주난류가 북상하여 난류어족이 많이
모여들어 좋은 어장을 형성한다.

세계 최대 공룡 화석지 사도와 낭도

여수 낭도리 공룡 발자국 화석지 및 퇴적층은 2003년 2월 4일 천연기념물 제 434호로 지정되었다. 여수 낭도리 공룡 화석지는 여수시 화정면에 속하는 사도, 추도, 낭도, 목도, 적금도 등 5개 섬 지역에 광범위하게 분포되어 있다. 조사 결과 공룡 발자국 화석은 총 3,546점으로 사도에서 755점, 추도에서 1,759점, 낭도에서 962점, 목도에서 50점, 적금도에서 20점이 각각 발견되었다.

사도와 낭도에서는 최근 세계에서 가장 긴 84m 길이의 공룡 보행렬이 발견되었을 뿐 아니라, 육식과 초식 공룡의 서식 관계가 뚜렷이 나타나 국내 해안과 일본, 중국을 연결하는 중생대 백악기의 범아시아 생태 환경 연구에 귀중한 자료로 평가받고 있다. 또한 국내 및 해외에서 발견된 기존 공룡 화석지와는 다르게 5개의 가까운 섬에서 발견되었다는 점이 큰 특징이다. 더불어 이곳 공룡 발자국은 육식 공룡인 수각류와 초식 공룡인 조각류, 용각류 등의 발자국으로 그 화석이 다양하기까지 하다.

공룡 흔적이 발견되기 전에도 떡시루를 닮은 층층의 기암절벽이 탄성을 자아내게 하였다. 이곳에는 1억 5,000만 년 전의 신비를 간직한 동백나무 규화목 화석층이 해안 기암절벽을 따라 줄을 잇고 있다. 사도에는 파도 모양의 모래가 굳어서 형성된 중생대 후기 연흔 화석이 있는데, 천천히 그 화석들을 보며 걸으면 지구 탄생의 신비로움이 온몸으로 느껴진다.

4. 사도와 추도사이 바닷길.
5. 추도 마을의 돌담길. 매년 음력 2월 15일을 비롯해 1년에 5~6회에 걸쳐 인근 추도 사이와의 바다가 갈라지는 '신비의 바닷길', '모세의 기적'이 나타난다.

03 오동도(梧桐島)

전설처럼 피어나는 동백꽃 사연

• **위치** 여수 한려동
• **면적** 0.12㎢
• **해안선** 14㎞
• **주소득원** 상업 및 기타 서비스업

자연환경

여수시 동쪽에 위치한 신항(新港) 부두에서 1㎞ 거리에 있는 작은 섬으로, 식물 경관은 물론 해안 경치도 아름다워 1968년 한려해상국립공원의 일부로 지정되었다. 이 섬은 멀리서 보면 지형의 생김새가 오동잎처럼 보이고, 또 옛날에는 오동나무가 빽빽하게 있어 오동도라 불리게 되었다. 100m 내외의 완만한 경사의 구릉성산지로 이루어져 있고, 해안은 암석해안으로 높은 해식애가 발달해 있으며, 해안 암벽에는 해식동과 풍화혈(風化穴)이 곳곳에 위치한다. 소라바위·병풍바위·지붕바위·코끼리바위·용굴 등으로 불리는 기암절벽이 유명하다. 1월 평균기온 1.6℃내외, 8월 평균기온 25.9℃내외이며, 연강수량은 1,413㎜ 정도이다.

오동도는 남해안 도서지역에서 자생하는 상록 난대성 수종인 동백, 신이대, 후박, 해송, 구실잣밤나무 등을 관찰할 수 있어 생태학적·임학적 학술가치가 높고 특히 동백나무는 전국 최대의 군락지로 3,000여 그루가 자라고 있다. 동백꽃은 10월부터 피기 시작해 다음해 4월까지 온 섬을 뒤덮어 섬 자체가 하나의 동백꽃처럼 보인다. 오

여수시 동쪽에 위치한 신항(新港) 부두에서 1㎞ 거리에 있는 작은 섬으로, 식물 경관은 물론 해안 경치도 아름다워 1968년 한려해상국립공원의 일부로 지정되었다.

동도 동백(冬栢)은 겨울철에 피어 여타지역에서 봄에 피는 춘백(春栢)과는 다르다.(개화절정기 3월중~4월초) 오동도에는 특별한 생산물은 없으나, 해녀들이 잡은 멍게, 해삼 등의 해산물이 판매되고 있다. 야간조명 시설 등이 아름답고, 음악분수가 설치되어 매년 관광객이 증가하는 추세이다.

역사와 문화

오동도는 조그마한 무인도였으나 1935년 4월부터 일본에 의해 길이 768m, 너비 7m의 방파제가 건설되어 섬에 이르는 통로가 마련되었다. 방파제를 쌓을 때 갯벌을 파는 배가 바다 밑을 파내고 그곳에 '함괴' 라고 불리는 콘크리트 블록을 쌓은 뒤 그 속에 굵은 바위를 넣었다고 한다. 방파제가 완성된 오동도는 해방 이후 일반인에게 공개되었다. 현재 방파제에 벽화가 그려져 시민과 관광객에게 새로운 볼

오동도 거북선과 판옥선. 조선시대에 오동도는 수군 연병장으로 사용되기도 하였으며, 여수의 특산물로 지정되었던 식대로 만든 화살대는 임진왜란 때 이순신 장군이 10만 명의 왜군을 쓰러뜨릴 때 크게 도움을 주었다고 한다.

거리를 제공하고 있다. 1999년 5월 1일부터 예총 여수지부의 협조를 받아 여수미술협회 소속 현역작가들이 1개월간의 공동 작업으로 완성한 방파제 벽화로는 바다 속 풍경, 물고기 등 사실화 3점과 돌산대교, 무술목, 거북선 슈퍼그래픽 11점 등 총 14점이 있다.

오동도는 일제 강점기 일본인들의 학교 조합 재산으로 편입되었기 때문에 해방 후 여수교육청에서 관리하게 되었다. 여수시에서는 1966년 4월 일반 도로를 만들고, 관광객에게 입장료를 받았다. 1968년 12월 31일 오동도는 국립공원으로 지정되었고, 이에 여수시가 오동도를 사들여 전망대와 산책로, 방파제 난간과 관리사무소 등을 건립하였다. 1996년부터는 동백열차를 운행하였고, 1998년에는 오동도 관광식물원을 개원하였으며, 2000년에는 걷고 싶은 맨발공원을 조성했다. 숲속 산책로변 215m에 자갈과 호박돌, 해미석, 목재, 대리석 등 다양한 재료를 깔아 양말을 벗고 맨발로 걸을 수 있게 되었다.

특히 2005년에는 식물원 자리에 38억 원을 들여 음악분수대를 만

들어 관광객의 큰 호응을 얻고 있다. 2005년 10월 22일 가동식을 가진 음악분수는 폭 45m, 높이 30m로 된 전국 최대의 분수로 동절기인 12월에서 2월까지를 제외하고 매일 오전 11시부터 오후 10시 15분까지 가동되는데, 주간에는 10분 동안 가동된 뒤 20분 정지하며, 야간에는 15분 동안 가동하고 15분 정지한다. 워터스크린과 레이저 시스템이 갖춰진 분수의 주제는 지역 주민의 염원인 2012 여수세계박람회 유치를 기원하는 의미에서 물안개, 오아시스, 봉황, 갈매기, 해초, 물결, 태양, 폭죽, 등대, 가리비 등으로 이루어져 있는데, 총 12종 2,012가지 모양의 분수가 연출되고 있다.

조선시대에 오동도는 수군연병장으로 사용되기도 하였으며, 여수의 특산물로 지정되었던 식대로 만든 화살대는 임진왜란 때 이순신 장군이 10만 명의 왜군을 쓰러뜨릴 때 크게 도움을 주었다고 한다. 이순신이 화살대로 활용했다던 식대 터널 앞에는 "어부와 함께 살던 아름다운 아낙이 도적에게 쫓겨 창파에 몸을 던지자 남편이 슬퍼하며 오동도 기슭에 아내를 묻었는데, 북풍한설이 몰아치던 그 해 겨울부터 무덤가에 붉은 꽃이 피어났고, 바로 그 여인의 절개가 동백꽃으로 환생하였다고 전해진다"라는 오동도의 전설이 바위에 기록되어 있다. 한편 오동도 입구에는 거북선과 판옥선을 축소해 놓은 모형이 전시되어 있다. 흥미로운 것은 이 모형에 모두 바퀴가 달려있다는 것인데, 이는 해마다 열리는 진남제 때 모형 거북선과 판옥선이 가장 행렬에 참여하기 때문이라고 한다. 모형 근처에 "약무호남 시무국가(若無湖南 是無國家 : 만약 호남이 없었다면 나라가 없었을 것이다)"라는 문장이 적힌 커다란 비석이 있다. 임진왜란 때 이순신을 비롯한 전라좌수군이 합심하여 일본군을 물리쳐 호남지방을 지켜내고, 결국 나라를 지켜냈다는 것을 보여주고 있다.

2012 여수세계박람회 개최지 오동도

오동도는 2012 여수세계박람회 개최지로 선정되어 대대적인 홍보활동과 관련 시설물의 설치를 위한 많은 계획들이 준비 중이다.

'검은 모래 눈 뜨는 날'을 아시나요?

- **소재지** 여수 만흥동
- **백사장 길이** 0.3㎞
- **개장** 1939년
- **특징** 검은 모래

검은 모래로 유명한 만성리해수욕장

만성리해수욕장 백사장 길이는 0.3㎞로 약간의 경사가 있으며, 1939년에 개장되었다. 국내에서는 보기 드문 검은 모래사장이다. 해수욕장의 규모는 그리 크지 않으나 완만한 경사, 따뜻한 수온과 주변의 아름다운 경치로 여수시민들에게 사랑받는 곳이다.

일반적으로 해수욕장이 형성되기 위해서는 모래가 지속적으로 공급되어야 한다. 파식대나 해식애가 깎일 때 생산되는 모래가 주변의 만입으로 운반되어 퇴적될 수 있고, 해안으로 흐르는 하천에 의해서도 많은 흙과 모래가 흘러들기도 한다. 만성리해수욕장의 검은 모래는 경상계의 퇴적암이 부서진 것으로 실제의 색깔은 회색이며, 자갈을 많이 포함하고 있다.

여수시는 1996년부터 음력으로 4월 20일(양력 5월 하순~6월 초순 사이)이 되면 모래가 눈을 뜬다 하여 '검은 모래 눈뜨는 날'로 지정해서 축제의 한마당을 열고 있다. 본래 일반 모래에서도 원적외선이 방출되지만, 그 가운데서도 검은 모래는 일반 모래에 비해 월등히 많은

원적외선을 방출한다고 알려져 있다. 만성리해수욕장의 경우, 음력 4월 20일 무렵 그 효과가 가장 크다고 한다. 원적외선은 방사열이 높아 모세혈관을 넓히고, 혈액순환을 도우며, 땀의 분비를 촉진시켜 준다. 그래서 신경통과 각종 부인병에 효험이 큰 것으로 널리 알려져 있다.

또 이때를 전후하여 여수일원에서 진남제(매년 5월 3~8일)와 해안 생선 요리 축제(매년 5월 초순), 영당풍어굿, 소년 이순신 장군 선발대회 등 다양한 볼거리와 먹을거리가 준비된다. 신선한 해물 요리도 일품이고, 해녀 수산물 채취대회를 구경하는 것도 좋은 추억거리가 된다.

만성리해수욕장의 주변경관

여수역에서 해안도로를 타고 북쪽으로 3km쯤 떨어진 곳에 위치해 있어서 교통이 편리하다. 길이 540m, 폭 25m 정도의 백사장과 평균 수온 25℃로 따뜻해서 해수욕장으로는 최적지이다. 만성리해수욕장

은 오동도와 남해를 한눈에 조망 할 수 있는 아름다운 경관을 가지고 있다. 일대의 해안은 한려해상국립공원에 속하는 경승지로 남쪽에 해송 숲이 펼쳐지고, 마래(馬來) 터널 근처의 해식애(海蝕崖)는 장관을 이룬다. 마래터널은 바위벽을 그대로 살린 인공 동굴이다. 터널이 좁아 편도로만 통행하며, 중간 중간에 5개 정도의 공간이 있어 통행에는 큰 불편이 없다. 좁은 굴속을 차를 타고 통과하면서 벽을 보면 투박하게 깬 바위 표면이 그대로 드러난다. 이 마래터널 일대가 바로 공룡박물관 건립 예정지라고 한다. 도로로 사용하는 마래터널 아래 편(바닷가 쪽)에는 전라선 철길이 놓여있다. 그 이름도 마래터널이라 한다. 해변에 즐비한 횟집들의 싱싱한 회맛이 이곳의 또 하나의 자랑이기도 하다. 그밖에 충민사·오동도 등의 명승지가 있다. 또한 인접한 해안에는 오천해수욕장, 모사금해수욕장이 펼쳐져 있다.

오늘의 만성리해수욕장

숙박시설·음식점·휴게소 등 편의시설이 잘 갖추어져 있으나, 여수시 일대에 화학·수산가공·조선·기계 공장들이 입지하고, 여천공업단지가 가동됨에 따라 해수오염이 문제로 제기되고 있다. 이전에는 검은 모래가 신경통에 좋다고 하여 많은 해수욕객이 붐볐으나 여천 공업단지가 들어선 뒤 점차 쇠퇴해 가고 있다.

| 참고문헌 |

김종일, 『남도해안 2000리 길』, 성하, 2002.

김준옥, 『거문도와 백도』, 대원사, 2005.

여수시, 『내고장 여수』, 1981.

전라남도, 『관광전남』, 1988.

한국도서(섬)학회, 『전남의 섬』, 전라남도, 2002.

한국문화유산답사회, 『한려수도와 제주도』, 돌베개, 1998.

『한국민족문화대백과사전』, 한국정신문화연구원, 1989.

역사적 사건

국난 극복의 원동력 된 빛나는 해전

• **분야** 역사
• **유형** 사건
• **지역** 여수와 남해안 일대
• **시대** 조선시대

전라좌수영의 설치와 운영 및 폐지

조선의 수군제도는 고려말 이래 왜구를 방비하고자 재건되어오던 것을 계승하는 가운데 정비되었다. 전라도의 경우 무안 대굴포(세종 22년 이후에는 해남 황원)에 위치하는 수군처치사 1인 휘하에 보성군 여도량과 함평현 원곶에 각각 좌우도도만호(左右道都萬戶)를 배치하여 여러 만호진(萬戶鎭)의 수군을 통솔하였다. 세조대에는 해남 황원의 수군절도사 1인 휘하에 좌도는 사도진에, 우도는 임치도진에 각각 첨절제사(僉節制使)가 배치되어 관하 여러 만호진의 수군을 통솔하였다.

이와 같이 전라좌도 수군의 중심지는 좌도도만호의 정박처인 사도진이었으며, 좌도도만호 관할 하에는 8만호가 있었다. 이들 8만호 중에 내례만호가 있었는데, 이 만호가 전라좌우도의 13만호 중에서 가장 중요하였다. 내례만호가 중시된 것은 내례포가 전라도의 동쪽 끝에 위치하여 왜구와 대치하는 최전선의 수군진이기 때문이었다. 이 내례만호는 세종 5년에 설치된 것으로 생각되는데 당시 전라감사가 진례량(현 여수시 상암동 일원)의 병선을 내례량으로 옮겨 정박시킬 것을 건의하면서 진례만호진이 폐지되자 대신 내례만호진이 설치되

1. 전라좌수영 옛터. 사진 중앙에 진남관이 보인다.
2. 진남관임란유물전시관에 있는 전라좌수영 모형.

1. 거북선 모형
2. 현자총통 모형
3. 호좌수영수성창설사적비(湖左水營守城創設事蹟碑) 임진왜란시에 전라좌수영의 수군은 남해안의 제해권을 장악하여 왜군을 격파하고 국난을 극복하는 원동력이 되었다.

었던 것이다. 이후 성종 10년(1479)에는 이 내례포만호진을 주진(主鎭)으로 승격시켜 전라좌수영으로 삼기에 이르렀다.

　전라좌도 수군은 전라좌수사 사도첨사 만호(회령포만호·달량만호·여도만호·마도만호·녹도만호·발포만호·돌산포만호)의 지휘체계로 편제되어 운영되었다. 전라좌수영의 관할지역은 해남반도의 남단을 경계로 하여 그 동쪽의 전라도 해안지역 즉 강진군·장흥도호부·보성군·낙안군·순천도호부·흥양현·광양현이었다. 성종 16년 무렵에 전라좌수영은 7관을 속읍으로, 8진포를 속진으로 관할하는 지휘체계로 편제 운영되었던 것이다. 전라좌수영의 편제와 운영은 중종 17년(1522)에 상당한 변화가 있었다. 같은 해 6월 추자도에 왜구가 침입하자 강진군 완도에 가리포진관이 설치되고 첨사가 배치되었다. 가리포진관은 사도진과 임치도진관의 여러 포를 이속 받고 새로운 포를 창설하여 편성되었다. 사도진관에서는 달량만호진, 마도만호진이 가리포진관으로 이속되었다. 또한 이 시기에 사도진관 내에서도 상당한 변화가 일어났다. 중종 17년에 돌산포만호진(이후 고돌산진으로 명칭 변경)이 혁파되고 대신 권관(종9품)이 주둔하는 소규모의 전초기지로 추락하였다. 이후 돌산진은 순천도호부의 관할을 받게 되었다. 즉 수군에서 육군으로 그 소속이 변경되었던 것이다. 아울러 돌산도에 새로 방답진이 설치되고 첨사가 배치되었다. 이상과 같이 중종 17년 무렵 전라좌수영에서는 사도·방답 첨사진 2곳 및 회령포·여도·녹도·발포만호진 4곳 등 6진과 강진을 제외한 장흥도호부·보성군·낙안군·순천도호부·흥양면·광양현의 6관을 관할하게 되었다.

이후 임진왜란시 전라좌수영 관하에는 사도·방답·여도·발포·녹도 등 5진포와 순천부·낙안군·보성군·흥양현 등 5관이 있었다. 전라좌수영 관할하의 군현과 수군진은 중종대보다 1관, 1진포가 줄어들었다.

광해군 3년(1611)에는 돌산포를 고돌산진으로 개칭하여 별장(종9품)이 지휘하는 소모진(召募鎭)으로 개편하면서 전라좌수영 소속으로 거듭나게 하였다. 숙종 12년(1686)에 가리포·고금도 양진(兩鎭)의 첨사와 마도·신지도 양도(兩島)의 만호가 전라좌수영으로 이속되었다가 4년 후인 숙종 16년(1690)에 다시 전라우수영으로 환속하였다. 그리고 임진왜란시에 장흥부와 회령포진이 전라좌수영의 관할에서 제외되었으나 임진왜란이 끝난 후에 다시 좌수영의 관할을 받게 되었다. 이 시기 전라좌수영은 수군진 7진과 6관을 관할하게 되었다. 전라좌수영의 이러한 편제가 조선후기까지 유지되다가 갑오개혁 때 각 군영을 폐합하여 군부아문의 소속으로 일원화하고 수군이 완전히 폐지되자 고종 32년(1895) 7월 15일 전라좌수영도 폐영(廢營)되기에 이른다.

임진왜란시 전라좌수군의 활약

임진왜란시에 전라좌수영의 수군은 남해안의 제해권을 장악하여 왜군을 격파하고 국난을 극복하는 원동력이 되었다. 임진왜란시 전라좌수군은 초기해전에서 그 활약이 두드러졌다. 이순신과 전라좌수영 군은 선조 25년(1592) 4월 13일 일본군이 부산에 침입하자 전열을 가다듬고 대기하다가 5월 4일 주전함인 판옥선 24척과 협선(挾船) 15척·포작선(鮑作船) 46척을 이끌고 출동하였다. 이틀 후 한산도에서 경상우수군과 합류한 뒤 7일 아침 옥포에서 마침내 일본수군과 최초의 해전을 벌였다. 이날 30여척의 일본군선을 공격하여 26척을 격파하고 이어 합포·적진포 등지에서 다시 16척을 불살라 없앰으로써 모두 40여척의 적선을 대파하는 전과를 거두었다. 이 옥포해전의 전승이야 말로 전라좌수군으로 하여금 적을 능히 제압할 수 있다는 확신을 갖게 해준 중요한 일전(一戰)이었다.

서전을 승리로 이끈 다음 5월 9일 전라좌수영으로 돌아온 전라좌수군은 군비를 재정비한 뒤 2차 출전에 대비하였다. 그 후 20일이 지난 5월 29일 2차 출전을 결행한 전라좌수군은 6월 10일에 이르기까지 사천·당포·당항포·율포 해전에서 적선 70여척을 격파했을 뿐 아니라 수군장 구루시마(來島通之)를 포함, 일본군 약 3백의 수급을 베고 각종 군기 등을 다량 노획하였다. 반면에 조선 측의 피해는 전사자 13명과 부상자 34명에 불과했다. 그리고 2차 출전 때부터 이억기 휘하의 전라우수군이 판옥선 25척을 동원하여 가세함으로써 이후 주전선만도 50척이 넘는 증강된 전력을 보유케 되었다.

일본수군이 연패하자 도요토미 히데요시(豊臣秀吉)는 뒤늦게 수군장 와키자카(脇坂安治)·구키(九鬼嘉隆)·가토(加藤嘉明) 등에게 지시하여 단시일 내에 합동작전으로 조선수군을 격파하라는 엄명을 내렸다. 이때 일본 수군은 3대로 나누어 남해에서 전라도로 진격한 다음 서해로 북상할 예정이었던 것이다. 그런데 와키자카가 합동작전을 무시하고 공명심에 사로잡혀 단독으로 73척의 전선을 이끌고 거제 견내량에 이른 것이 7월 8일이었다. 이 무렵 조선측에서는 전라좌수군이 이억기 휘하의 우수군과 합세하여 7월 6일 전라좌수영을 출발 노량에서 다시 경상우수군과 합류한 후 다음날 당포에 이르러 밤을 세우면서 일본의 대선단이 견내량에 정박 중이라는 정보를 입수하였다. 이렇게 시작된 3차 출전에서 조선수군은 7월 8일 견내량의 적선단을 한산도 앞바다로 유인하여 대파하였다. 여기에서 와키자카의 일본선단은 약 60척의 전선을 잃고 거의 전멸상태에 빠졌을 뿐 아니라 계속 이어진 안골포해전에서 구키와 가토 휘하의 수군까지 대패함으로써 사실상 일본수군 전체가 궤멸되고 말았다.

한산대첩의 결과는 해전에 있어서뿐만 아니라 임란전국(壬亂戰局)의 전반적인 전세에 있어서도 큰 영향을 미쳤다. 한산도 해전은 일본군으로부터 제해권 장악의 기회를 완전히 박탈하였을 뿐 아니라 조선에 주둔한 일본군 전체를 반신불수(半身不隨)가 되게 하여 평양까지 진출한 고니시 유키나가(小西行長)군이 일보도 전진할 수 없게 한 결과를 가져 왔을 만큼 중대한 의미가 있었다. 따라서 이로부터 도요토미 히데요시는 일본 수군장들에게 지시하여 해전을 중지하고 거제도에 축성하여 웅거하면서 기회를 보아 육지로부터 조선수군을 쳐부수는 작전을 모색케 하였다.

7월 6일 이후 약 1주간에 걸친 3차 출전에서 일본수군을 완전히 제압하여 전국전반(戰局全般)의 전세를 반전(反轉)시킨 조선수군이 임진년 초기해전을 마무리한 전투가 바로 부산포해전이었다. 9월 1일부터 그 다음날까지 이어진 이 해전에서도 역시 100여척의 적선을 깨뜨렸을 정도로 큰 전과를 올렸다. 부산포해전의 전과가 컸던 만큼 수군장졸들의 전공 또한 그 만큼 컸다.

옥포해전으로부터 부산포해전에 이르기까지 약 5개월간에 걸친 초기해전에서 전라좌수군이 주축을 이룬 조선수군은 일본수군의 전선만 해도 약 330여척을 격파 혹은 불태워 없애는 커다란 전과를 세웠다. 그 결과는 마침내 해전에서 뿐만 아니라 전국전반에 있어서 조선측으로 하여금 종래의 수세(守勢)에서 공세(攻勢)로 전환시킨 계기를 마련케 하였다. 그리고 이와 같은 해전의 승첩은 전라좌·우수군과 경상우수군이 연합전선을 펴 이룩한 결과였지만 전라좌수사 이순신의 작전지휘 밑에서 이루어진 것이었고 그 주력(主力) 또한 전라좌수군이었던 것이다.(이후의 해전에 대해서는 14번의 '이순신' 항목 참조)

조선의 비운과 대한해협의 문호

• **분야** 역사
• **유형** 사건
• **지역** 여수 거문도
• **시대** 조선시대

개설

대항해의 시대가 열리면서 서구 열강들은 해외시장을 개척하기 위하여 식민지 정책을 치열하게 전개하였다. 19세기 중엽 이후 러시아와 영국은 식민지 분할권을 놓고 세계 도처에서 충돌하였다. 그런데 러시아가 조선에 접근하여 친러 세력을 부식시키는 등 적극적인 진출을 꾀하자 러시아의 남진을 막는다는 명분을 내세우면서 1885년(고종 22년) 4월 15일 영국이 전라남도 거문도를 불법 점거하였다. 이후 러시아는 조선정부를 통해서 영국에 항의를 하는 한편, 청에 대하여 자신들도 조선의 영토를 점령할 것이라고 위협하였다. 이에 청은 2년여에 걸쳐 영국과 교섭을 벌여 마침내 1887년(고종 24년) 2월 27일 영국함대가 거문도에서 철수하게 되었다.

영국군의 거문도 점령사건의 경과

그동안 쇄국정책을 견지해 오던 조선은 1876년 일본과 강화도조약이라는 불평등조약을 체결하게 되었다. 일본은 강화도조약 당시부터

거문도 영국군 묘지.
러시아의 남진을 막는다는
명분을 내세우면서 1885
년(고종 22년) 4월 15일
영국이 전라남도 거문도를
불법 점거하였다.

조선에 대한 정치·군사적 및 경제적인 침략을 위한 계획으로 모든 일을 처리하여 갔다. 특히 이 조약에 조선이 자주의 국가로서 일본과 평등한 권리를 가진다는 내용을 넣어 청을 배격함으로써 청의 간섭을 받음이 없이 조선에 대한 침략을 행할 수 있는 길을 트고자 했던 것이다.

강화도조약이 성립된 이후 조선은 수신사 및 조사시찰단을 일본에 파견하여 여기서 얻은 신지식을 토대로 개화의 노선에 따라 정치개혁을 실시하였다. 이러한 조선의 정치개혁은 새로운 정세에 대처하여 부국강병을 이루려는 의도에서 나온 것이었다.

한편 개화의 조류에 정면으로 반대하고 나선 것이 유학자들이었다. 그들의 위정척사사상은 성리학에 근본을 두고 그 밖의 다른 이질적 문화를 배척하는 사상이었다. 재야의 유학자들을 중심으로 성장한 이 위정척사사상은 그러므로 서양 및 일본의 새로운 문화를 받아들이는 데 대하여 비판적이었다.

이즈음 대원군은 이러한 정세를 이용하여 1873년(고종 10년)에 유학자들과 새로 등장한 민씨 세력에 의해 빼앗겼던 정권을 되찾기 위한 운동을 전개하였다. 그러나 이 일은 사전에 들통이 나 실패로 돌아

가고 말았다. 이와 때를 같이하여 1882년 6월 임오년에 군란이 발생하였다. 개항 뒤 새로 만든 신식군인인 별기군과의 차별, 민씨 정권의 부패로 제때에 정해진 월급을 받지 못한 것이 동기가 되어 일어난 이 군란으로 일시 왕궁을 점령되고 민씨 정권이 내쫓김을 당하였다. 그러나 군란은 민씨 왕비의 요청으로 출병한 청의 무력개입으로 진압되었다. 그리하여 사태를 진압한 청은 위안스카이(袁世凱)를 파견 종주권을 내세워 조선을 식민지로 만들려고 하였다. 이러한 청의 움직임은 조선을 사이에 두고 일본과의 충돌을 예고하고 있었다.

한편 청이 조선의 종주국으로 행세하면서 조선의 외교·내정·군사에 대한 간섭을 강화하자 김옥균·박영효·홍영식·서광범 등 젊은 관리들이 크게 반발하였다. 그들은 적극적인 정책을 실시하여 급진적으로 개화가 되어야 한다고 생각하였다. 그리고 김옥균 등은 일본에서 견문한 내용을 고종에게 보고하고 여러 가지 개화정책을 건의하였다. 이들은 해외 견문이 넓었기 때문에 고종의 사랑을 받게 되었고 이로 인하여 그 세력이 커져서 여러 가지 개화정책을 건의하고 실천하였다.

그러나 김옥균 등의 활동은 민씨 세력에 의해 견제되었다. 임오군란

서도리 주민과 영국군 장교. 영국군은 거문도를 점령한지 22개월 만에 물러났으나 이 사건은 주권국가의 영토를 사전 양해도 없이 불법 점거한 침략적 행위였다. 특히 이 문제는 전적으로 열강의 이익에 맞춰 흥정되는 것으로 끝이 났다.

이후 청을 등에 업고 집권한 민씨 세력은 일본을 모델로 삼아 개혁을 추진하려는 김옥균 등을 달갑게 여기지 않았던 것이다. 그러므로 그들은 계획을 뜻대로 밀고 나갈 수 없었다. 개화당은 그들의 정책을 추진하기 위하여 정치적 비상수단을 꿈꾸고 있었다. 그러던 중 1884년(고종 21년)에 베트남 문제를 둘러싸고 발생한 청·불사변은 이들에게 청의 간섭을 배격할 절호의 기회로 받아들여졌다. 그들은 정변을 일으켜 민씨 정권을 타도하고 신정부를 수립할 것을 계획하였던 것이다.

김옥균 등은 1884년 일본공사 타케소에(竹添進一郎)가 거느린 일본군의 지원 아래 우정국의 개국 축하연을 계기로 정변을 일으켰다. 그들은 정변을 일으킨 직후 신정부 수립에 착수하고 곧 개혁안을 논의하여 국왕의 명령으로 공포하였다. 그러나 이러한 개혁은 실시될 수 없었다. 청군이 출동하였기 때문이다. 청군이 몰려오자 김옥균 등을 지원했던 일본군은 제대로 싸우지도 못하고 퇴각했고 김옥균 등은 일본으로 피신하였다.

갑신정변 이후 고종은 각종 개혁 조치를 무효화하였다. 그리고 일본에 대해서는 정변에 일본군이 동원된 것을 비난하고 그 책임을 묻는 동시에 김옥균 등 망명자의 송환을 요구하였다. 그런데 일본은 도리어 일본 거류민의 사망과 공사관이 불에 탄 것을 들어 조선정부에 배상을 요구하였다. 그 결과 일본 피살자에 대한 위휼금의 지불, 공사관 건축비의 배상 등을 내용으로 하는 한성조약이 체결되었다(1884, 고종 21년).

일본은 나아가서 이 정변을 계기로 청의 조선에 대한 지배권을 약화시키려고 하였다. 일본은 청일 양군이 조선으로부터 공동 철병할 것을 주장하였다. 그 결과 맺어진 것이 톈진조약(1885, 고종 22년)으로서, 이 조약에 의하여 양군은 철수하였다. 그러나 이로써 조선이 자유로운 입장에 서게 된 것은 아니었다. 청의 위안스카이가 주차조선총리교섭통상사의(駐箚朝鮮總理交涉通商事宜)란 명목으로 여전히 서울에 남아 있어서 그 간섭이 심하였다. 청의 지위는 조금도 완화되지 않은 반면 일본은 여전히 취약한 입장이었으며, 뿐만 아니라 정부의 증오의 대상이 되었다.

한편 조선정부는 이 기회를 이용하여 청일의 간섭을 배제하기 위한 노력을 다각도로 전개하였다. 우선 고종은 미국에 각별한 호의를 드러냄으로써 미국을 끌어들이려고 하였다. 고종은 그 이전부터 청과 일본의 억압으로부터 조선의 독립을 보전하는 데 미국이 힘을 빌려줄 것을 기대하고 있었다. 그러나 미국은 고종의 노력에 특별한 관심을 보이지 않았다. 그것은 조선의 경제적 가치에 회의를 느낀 결과였다.

조선은 그러는 동안 청의 권고에 따라 마지못해 구미 열강들과 수교를 맺었는데, 러시아와의 수교는 청의 알선 없이 맺었다. 외교의 다변화를 통해 청의 간섭을 배제하려는 노력의 일환이었다. 미국의 힘을 빌릴 수 없게 된 조선 정부가 러시아를 끌어들이려고 했던 것이다. 이러한 노력은 임오군란 직후 조선의 외교고문이었던 묄렌도르프의 협력을 얻어서 더욱 촉진되었다. 그런데 묄렌도르프가 러시아 세력을 끌어들이는 데 협력한 것은 조선에 대한 그의 애정에서 비롯된 것이라기보다는 그가 전임 독일 외교관이었다는 사실과 관련이 있다. 러시아와 국경을 접하고 있던 독일로서는 러시아의 관심을 아시아로 돌려놓음으로써 국경의 안전을 도모하고 그 틈을 이용하여 중동 진출을 기도하려고 했던 것이다.

여하튼 고종과 민비는 친러항청책으로 기울어지고 러시아와의 비밀협정설이 나오기에 이르렀다. 이러한 친러 경향은 청이 경계하는 바였고 이에 대항하기 위하여 청은 대원군을 귀국시켰다. 또 위안스카이는 러시아와의 비밀협정설을 트집삼아 고종을 폐하여 국면을 타개하려고까지 하였던 것이다. 그리고 청은 묄렌도르프 대신 새로 미국인 데니를 외교고문으로 추천하고 동시에 묄렌도르프에 의해서 개설된 조선해관의 사무를 청의 그것에 예속시키도록 하였다. 그러나 청이 내세웠던 데니도 역시 위안스카이를 통한 청의 간섭을 배제하기 위하여 조선이 러시아와 연결할 것을 주장하였다.

그동안에 러시아와의 사이에 조로육로통상장정(朝露陸路通商章程)이 맺어졌다. 이에 의하여 경흥이 러시아와의 무역에 개방되고 여기에 러시아인의 조차지가 허용되었으며, 또 러시아인이 두만강을 자유로이 항행하는 것이 인정되었다. 그리고 나아가서 러시아는 원산과 절영도에 저탄소를 설치하려고까지 하였다. 그러나 이번에는 청의 간섭으로 그 목적을 이루지 못하고 말았다. 이러한 러시아 세력의 침투에 대하여 경계를 게을리하지 않은 나라로는 청 이외에 영국이 있었다. 세계의 각지에서 러시아와 대립하고 있던 영국은 러시아의 조선 진출에 대하여도 방관만은 하지 않았다. 즉 영국은 청의 양해 하에 고종 22년(1885) 동양함대를 파견하여 전라도의 거문도를 불법으로 점령하고 러시아 세력의 진출에 대비하려고 하였다. 점령한 뒤에는 병영을 세우고 포대를 쌓는 등 영구적인 주둔을 꾀하려는 듯한 징조까지 보였다.

거문도는 대한해협의 문호에 해당하는 곳이며, 러시아 동양함대의 길목에 위치한 전략적 요충지었다. 그러므로 이것은 러시아를 견제하려는 명백한 의도에서 나온 것이었다. 따라서 이 사실에 가장 놀란 것은 러시아였다. 러시아는 조선정부를 통하여 영국에 항의문을 제출하는 한편 청에 대하여 러시아도 조선의 영토를 점령할 것이라고 위협하였다. 이에 청이 개입하여 2년여 동안이나 교섭을 벌인 결과 영국함대는 거문도에서 물러났다.

결과

거문도 사건으로 인해 조선은 국제적 위상이 더욱 취약해질 수밖에 없었다. 이 사건을 해결하기 위한 협상이 당사국인 조선을 배제하고 이루어졌던 데에서 알 수 있는 것이다. 한편 청은 이 사건에서 외교교섭을 전담함으로써 조선에서의 종주권의 지위를 더욱 확고히 하는 계기가 되었다.

의의와 평가

영국군은 거문도를 점령한지 22개월 만에 물러났으나 이 사건은 주권국가의 영토를 사전 양해도 없이 불법 점거한 침략적 행위였다. 특히 이 문제는 전적으로 열강의 이익에 맞춰 흥정되는 것으로 끝이 났다. 그것을 바라보기만 하였던 조선의 입장에서, 냉엄한 국제현실을 거듭 되새기는 계기가 되었다면 그나마 무의미하지만은 않았을 것으로 여겨진다.

고난을 딛고 해양의 시대로

- **분야** 역사
- **유형** 사건
- **지역** 여수
- **시대** 일제 치하

간이수산학교의 창설과 기구 및 학사운영(1917~1920)

일제는 조선을 강제로 병탄하고 탄압과 강탈을 공공연하게 자행하였으며, 경제적 수탈을 위해 실업교육을 중시하였다. 이러한 배경 하에서 여수에 공립간이수산학교(이하 간이수산학교라 한다)를 창설하게 된 것이다. 간이수산학교는 1년제로서 여수공립보통학교(현 서초등학교)에 부설 운영되었으며, 독자적인 교장·교사·예산을 갖지 못한 소규모 학교였다. 창설 시 입학생은 1학급 20명이었으며, 수업 연한은 1년(4월 1일~다음해 3월 31일)이었고 학기는 3학기제였다. 이 간이수산학교는 4년간 유지되었다.

간이수산학교는 여수공립보통학교에 부설되어 운영되었으므로 그 장을 보통학교장이 겸임하였다. 이 학교에는 일본인 교유(敎諭) 한 사람이 배치되어 일반과목과 수산과목을 모두 가르쳤다. 입학자격에는 학력과 연령의 제한이 없었다. 그러나 보통학교 졸업생이 이 학교에 입학하는 것이 일반적이었다. 입학생은 11세로부터 25세까지로 연령차가 많았으며, 출신지는 여수면과 돌산면이 대부분이었고, 고흥, 완도, 남원, 고성 출신도 있었다.

1. 여수수산학교(현 전남대학교 국동캠퍼스)
2. 종포교사(현 중앙초등학교)
3. 종포교사 제조 및 어로 실습장

간이수산학교의 창설 당시 교사는 서기청(書記廳) 건물로 사용했던, 현 여수시 군자동 474번지 진남관 아래에 있었던 목조 기와집이었다. 고종 32년(1895) 을미개혁으로 전라좌수영이 혁파되자 이곳의 모든 건물은 여수군에서 관리하게 되었다. 서기청은 보통학교의 교사로 사용되었는데 1912년 보통학교가 진남관으로 옮겨간 후 비어 있다가 간이수산학교가 창설되면서 이 학교의 교사로 사용되었던 것이다. 간이수산학교에는 이 교사 이외에 별다른 시설은 없었으며, 1919년 11월 오동도를 실습장으로 허가받아 사용하였다고 한다.

교육과정은 일제의 식민지 교육정책이 그대로 반영되어 교양과목은 수신(修身)과 일본어가 편성되어 있었고 한국에 관한 교과목은 없었다. 수산과목은 1회 때는 한 과목이었으나, 2회부터는 어로·제조·양식·수산법규로 세분화되었다. 실습 중에 어로실습은 노젓기·그물짜기·조어 등이 있었으며, 제조 실습은 가자미 말리기나 일인들이 경영하는 통조림 공장을 견학하는 것이었다. 1919년 오동도가 학교의 실습장으로 허가된 이후부터는 대부분 이곳에서 실습을 하였다.

여수공립수산학교로의 승격과 추이(1921~1945)

간이수산학교는 1921년 4월 1일 수업연한이 2년인 여수공립수산학교(이하 수산학교라 함)로 승격되어 해방이 되기까지 지속되었고 학제는 다섯 번이나 바뀌었다. 이 수산학교는 우리나라 수산계 실업학교 중에서는 처음이었고 전남에서도 광주농고와 목포상고에 이어 세 번

1. 개교 당시의 교사(현 진남관 옆)
2. 여수 간이수산학교 제1회 졸업사진
간이수산학교는 1년제로서 여수공립보통학교(현 서초등학교)에 부설 운영되었으며, 독자적인 교장·교사·예산을 갖지 못한 소규모 학교였다.

째 정규 실업학교였다. 1923년부터는 기왕의 입학자격을 수정하여 보통학교와 심상소학교(尋常小學校) 6학년 졸업이상의 학생만이 이 학교에 입학할 자격이 주어줬다. 수산학교로 승격되던 해(1921) 종포의 서안산 북쪽 기슭에 학교 부지를 조성하여 교사를 신축하였다.

3·1운동 이후 국내 독립운동의 방향이 물리적인 항거를 지양하고 물산장려운동과 애국계몽운동이 전국적으로 확산되자 여수에도 수산학교가 이러한 운동의 중심이 되어야 한다는 여론이 일었다. 이에 따라 1923년 여수면장 등이 주축이 되어 수산학교 육성을 결의하고 이에 대한 대책을 마련하였다. 우선 많은 인재를 양성하기 위해서 교사의 확충이 필요하다는 것을 절감하고 학교 이전 부지를 물색하던 중 현 중앙초등학교로 옮기기로 결정하였다. 이에 필요한 비용은 당시 수산학교 육성을 위한 결의에 참여한 이들이 부담하기로 했는데 그 대신 수산학교를 5년제로 승격해달라고 당국에 요청하였다. 그러나 당국은 수업 연한만을 1년 더 연장하여 3년제 수산학교로 허가하였다. 한편으로 수산학교 이전비용에 대한 것은 당시 여수군수인 장기창이 군민대회를 개최하여 각 면민의 기부금으로 충당할 것을 제시하면서 각 면민이 부담하게 되었다.

간이수산학교 창설 이후 이 학교는 학생들이 주축이 되어 동맹휴교투쟁이나 독서회를 통해 항일 학생운동을 전개해 나갔다. 특히 시간이 지날수록 이러한 학생운동이 격렬해지자 일제는 1932년 이 학교의 학제를 3년제에서 2년제로 격하하였다. 1938년 학제가 다시 3년제로 복귀되었는데 이 때 학제가 다시 승격 개편된 것에 대한 배경은 자세히 알 수가 없다. 1941년 학칙을 개정하여 3년제를 5년제로 개편하고 어로과, 양식과, 제조과 등을 신설하였다. 그러나 얼마 지나지 않아 1943년 일제는 전쟁에 나갈 인력을 충당할 목적으로 4년으로 학제로 개편하였다. 1944년 11월에는 현 중앙초등학교에서 현 전남대 국동캠퍼스로 이전하였다.

이상과 같이 수산학교로 승격된 이후 이 학교는 1945년 해방이 되기까지 25년 동안에 학제가 다섯 번이나 바뀌는 등 많은 우여곡절을 겪기도 했지만 24회의 졸업생 687명을 배출시켜 해방 이후 이들이 수산계통 등에서 지도층으로 성장해 나갔던 것이다.

여수공립수산학교의 항일투쟁

　3·1운동 이후 학생운동의 양상은 동맹휴교라 할 수 있다. 1920~1928년 사이에 동맹휴교의 발생건수는 무려 404건이나 되었다. 1924년 일시 주춤했던 동맹휴교는 1925년 꾸준히 늘어났고 이 같은 연장선상에서 1929년 광주학생운동이 일어나게 되었던 것이다. 광주학생운동이 전국적으로 확산될 때 여수 지역에서도 청년, 학생들이 군내 여러 곳에 벽보를 부쳐 반일의식을 고취하며 지역민들로 하여금 투쟁에 나설 것을 독려하였다. 이러한 시기에 수산학교의 일본인 교사가 수업시간에 술을 먹고 들어와 조선인 학생들을 구타하고 민족차별적인 발언을 서슴치 않는 사건이 일어났다. 이 사건을 기화로 평소 독서회를 통해 항일의식을 배양하여 오던 학생들은 전교생을 독려하여 마침내 반일 동맹휴학 투쟁을 일으켰던 것이다. 이 때 학생들은 "민족적 차별을 철폐, 한국인에게 한국사 교육, 모국어 사용을 막지 말라"는 요구조건을 내걸고 학교당국에 맞서 투쟁하였다.

여수수산학교(현 전남대학교 국동캠퍼스)
2006년 3월 여수수산학교의 후신인 여수대학교는 전남대학교 여수캠퍼스로 새롭게 출범하였다.

　　이러한 동맹휴학을 주도했던 독서회는 1930년 수산학교를 졸업한 윤경현과 이용기 등 항일정신이 투철했던 14명이 중심이 되어 조직한 것이다. 이들은 이 해 3월 여수 등대산 근처 윤경현의 하숙집에서 김양호·백인렬·오놀보·정재석·정학조·조병호·진자미 등과 만나 창립취지를 설명하여 동의를 얻었으며, 며칠 후 읍내의 종고산에 이들 9명이 올라 독서회를 조직하고 윤경현을 회장으로 추대하였다. 이들은 주위의 의심을 받지 않도록 9명을 3조로 나누어 매주 1회 조별로 회합을 갖고 과학적 민족해방운동론을 학습하면서 항일의식을 고취시켜나갔다. 이러한 조직기반이 토대가 되어 일시에 전교생을 동맹휴학 투쟁으로 이끌었던 것이다. 수산학교 동맹휴학을 주도했던 학생들은 일경에 검거되어 14명이 실형을 선고받은 것으로 일단락이 되었다. 이 투쟁을 통해 여수 지역에 민족해방운동 조직이 부분적으로 가시화되었고, 이후 본격적으로 활동의 영역을 확대하여 1930년대에 가서는 지역 민족해방운동의 중심으로 자리 잡게 된다.

해방을 맞이한 이후에도 수산학교는 그 명칭이 그대로 유지되었다. 다만 수업 연한은 6년으로 하고 1학년에서 3학년까지를 초급, 4학년에서 6학년까지를 고급으로 하여 학칙을 개정하였다. 1945년 11월 23일에 구성된 조선교육심의회의 심의과정을 거쳐 1946년 10월 수산학교는 여수공립수산중학교로 교명이 변경되었으며, 초급과 고급의 구분이 없이 1학년에서 6학년으로 하였다. 1950년 초에 공포된 6-3-3-4학제에 따라 중학교와 고등학교로 분리 재편성되었다. 수산중학교에서 분리해 나간 중학교는 여수서중학교로, 고등학교는 여수수산고등학교로 바뀌었다. 이 여수수산고등학교는 1963년 3월 수산고등전문학교로 승격됨에 따라 1965년 1월 29일 43회를 마지막으로 14회 동안(30회에서 43회까지) 1,760명의 졸업생을 배출하였다.

1962년 2월 5일 5년제 실업고등전문학교 설치 계획안을 혁명 정부 각의에서 결의하고 동년 3월부터 발족시킴에 따라 이 학교도 중등교육과 고등교육을 아우르는 고등전문학교로서의 교육기관으로 자리를 잡는다. 1974년 9월 11일 대통령령에 따라 국립학교설치령 개정령이 공포되었고, 다음 해인 1975년 2월 28일 대통령령에 따라 고등전문학교는 12회 졸업생 1,713명을 배출하고 폐지되었는데, 3월 1일자로 수산전문학교가 정식으로 인가되었다. 이후 6년 동안 시행되어 온 전문학교 제도는 그 과정에서 여러 모순점이 드러남으로 인해 이를 보완하여 1978년 전문대학설치기준령이 공포되었다. 이에 따라 수산전문학교에서도 여수수산전문대학으로 개편하기 위한 작업에 착수하여 1978년 12월 28일 전문대학 인가 통보를 받았다. 이후 4년제 대학 승격에 대한 건의를 몇 차례 당국에 제출했으나 문교당국에 의해 거절당하다 각고의 노력 끝에 1986년 11월 6일 문교부로부터 4년제 대학 인가를 받게 되었고 학교 명칭은 여수수산대학으로 개명하였다. 1993년 3월에 다시 학교 명칭이 여수수산대학교로 변경되었다. 전문대학에서 4년제 대학으로 개편되어 대학의 규모가 커지고 여러 계열의 학과들이 존재하게 됨에 따라 기존 학교명으로는 다양한 학과들을 아우르기에 부족한 부분이 있어서 대학의 명칭을 여수대학교로 바꾸자는 학내 여론이 일어났다. 이와 같은 여론에 따라 대학 명칭 변경신

청서를 제출하여 여수대학교로의 명칭변경 인가를 얻었다. 여수대학교로의 명칭변경으로 특수목적의 단과대학의 성격에서 벗어나 종합대학교로 발전할 수 있는 기반이 구축됨에 따라 종합대학교로 성장하기 위한 노력이 계속되었으며, 드디어 2003년 3월 1일부터 4개의 단과 대학을 갖는 종합대학교로 승격되었다.

이후 광주·전남지역의 대학들이 봉착한 위기를 타개하고 예상되는 정부의 대학개혁조치에 대응하기 위해 전남대학교와 통합추진위원회를 결성하고 몇 차례의 회의를 거쳐 2006년 3월 여수대학교는 전남대학교 여수캠퍼스로 새롭게 출범하였다.

이상 살펴본 바와 같이 여수수산학교는 90년의 역사만큼이나 영욕의 세월로 점철되었다고 해도 과언이 아니다. 이 학교는 일제강점기 때에 경제적 수탈의 토대를 마련하기 위해 설립된 여수간이수산학교가 그 시발이었다. 하지만 3·1운동 이후 국내 독립운동의 방향이 물리적인 항거를 지양하고 물산장려운동과 애국계몽운동이 전국적으로 확산되자 여수에도 수산학교가 이러한 운동의 중심이 되어야 한다는 여론이 일었다. 이에 따라 1923년 여수면장 등이 주축이 되어 수산학교 육성을 결의하고 이어 여수 지역민의 자본으로 이 학교를 이전 증설하기도 하였다. 이후 이 학교 학생들이 주축이 되어 동맹휴학을 하는 등 항일투쟁에 적극 앞장서 이 지역의 항일운동에 기폭제 역할을 하기도 하였다. 이러한 학생들의 투쟁에 일제는 수산학교의 학제를 격하하는 등의 조치를 취하기도 하였으며, 전쟁에 동원하기 위해 조기 졸업제를 시행하기도 하였다. 여수수산학교는 이렇게 많은 우여곡절을 겪으면서 광복을 맞이하였지만 이후에도 여러 정치적 소용돌이를 경험하면서 오늘에 이르렀던 것이다.

이러한 영욕의 세월 속에서도 이 학교는 한국의 수산업계는 물론이고 이 사회를 선도하는 지도층을 배출했거니와, 90년 전부터 현재에 이르기까지 해양의 시대를 예비했던 것은 물론이고 이제 그 주역이 되어 새로운 해양사를 이끌어 나갈 것으로 기대된다.

08 전라선 개통(1936)

70년간 남해안과 내륙을 잇다

• **분야** 역사
• **유형** 사건
• **지역** 익산~여수
• **시대** 일제 치하

전라선의 개통

전라선은 익산(이리)을 출발하여 만경강 유역의 호남평야를 가로질러 전주·순천간 국도를 따라 오다가 경전선과 십자로 교차하는 순천을 거쳐 여수에서 그친다. 이 철도는 처음 전북철도주식회사에 의해 1914년 11월 17일에 개통된 익산·전주간 협궤철도 24.9㎞를 1927년 10월 1일 조선총독부 철도국에서 매수하여 광궤철도로 개축 1929년 9월 20일 영업을 시작했던 것이 시발이다. 이때 노선명은 전라선이 아니라 경전북부선이라고 칭하였다. 이어 1929년 4월 18일에서 1931년 10월 1일까지 전주·남원간 60.5㎞, 1932년 10월 14일에서 1933년 10월 15일까지 남원·곡성간 20.3㎞, 1933년 11월 4일부터 1936년 12월 16일까지 곡성·순천간 52.4㎞의 공사를 완료하여 익산·순천간 전체를 개통하기에 이르렀던 것이다. 이 구간을 개통하기 전날 선로명을 경전북부선에서 전라선으로 개칭하여 이 선로명을 처음 사용하게 되었다.

전라선의 마지막 구간인 순천·여수간은 본디 광여선(광주·여수간)의 일부였다. 이 광여선은 1930년 12월 1일 남조선철도주식회사에 의

여수역. 일제의 조선총독부는 호남지방에 대전·목포간과 익산·여수간 두 곳의 철도를 부설하여 목포는 무역항으로, 여수를 군사항으로 발전시킬 구상을 가지고 있었다.

전라선 개통(1936) 53

해 1921년 4월 1일부터 1930년 12월 1일까지 155.5㎞의 철도를 공사하여 개통한 것이었다. 이 노선이 개통될 수 있었던 데에는 다음과 같은 사연이 전하고 있다. 당시 여수에 거주하고 있었던 일본인(政吉信)이 광주에 출장을 갔다가 남조선철도주식회사의 철도부설계획서를 보게 되었는데, 이 계획서에서 삼천포선이 1차 계획에 들어있는 반면 여수선이 2차로 계획되어 있었던 사실을 알게 되었다. 그는 곧 여수로 돌아와 여수지방의 유지와 유관기관들을 동원하여 활발한 유치활동을 벌인 결과 여수선이 1차 계획으로 들어갈 수 있도록 하였다는 것이다. 이러한 사연에 의해 개통된 광여선 155.5㎞를 1935년 3월 1일 조선총독부 철도국에서 매수한 동시에 보수·개량공사를 거쳐 순천·여수간 40.3㎞를 전라선으로 개칭하였다. 이로써 익산·여수간 전라선 198.8㎞ 전구간이 최종 개통을 보게 된 것이다.

전라선의 역할과 전망

전라선은 일제의 군사적 목적에 의해 부설된 것이었다. 조선총독부는 호남지방에 대전·목포간과 익산·여수간 두 곳의 철도를 부설하여 목포는 무역항으로, 여수를 군사항으로 발전시킬 구상을 가지고 있었다. 여수를 군사항으로 개발하고자 한 저의는 장차 남양군도(南洋群島) 진출의 관문으로 이용하기 위해서였다. 실제 전라선은 2차 세계대전 당시 군대와 군수품을 수송해 군용철도로 이용되기도 했었다. 이 같이 전라선이 개통을 보게 되기까지는 여러 사연이 얽혀 있었던 것이다.

여하튼 전라선이 개통되자 여수에서 생산되는 수산물 등이 원활하게 내륙으로 수송되어 점차 시장 개척의 활로를 찾게 되었다. 또한 이 철도의 개통으로 인해 여수와 시모노세키(下關)를 정기적으로 운항하는 연락선이 개설되어 호남지방 주민들의 일본 통행로 역할을 하게 되었다. 전라선은 1936년 개통 이래 1973년 11월 호남고속도로가 개통되기 전까지 호남지역 특히 여수 지역의 수송수단의 전부였다고 해도 좋을 것이다. 또한 1967년 여수시 중흥동 일원에 우리나라 최대의 유화단지인 여수국가산업단지가 조성되면서 이곳에서 생산되는 물류

를 운송하여 국가산업발전을 이룩하는데 중요한 역할을 담당하기도 했다. 전라선은 1980년도 이후 광양제철소의 신설과 여수국가산업단지 내 공장 증설 그리고 광양컨테이너부두 건설에 따라 증가하는 수송수요에 대처키 위해 익산·순천간 철도를 개량·복선화하였으며, 2012 여수세계박람회의 성공적 개최와 증가하는 산업물동량의 원활한 수송을 위해 순천·여수간 복선화와 익산·여수간 전구간의 전철화 공사가 2010년 완공을 목표로 현재 시행중에 있다.

 전라선 전구간이 복선·전철화하여 개통된다면 전라남·북도 내륙

율촌역사는 신축 이전할 예정이며 기존 역사는 2006년 12월 4일 등록문화재(제301호)로 지정되어 보존될 것으로 보고 있다.

지방과 남해안의 산업발전을 촉진하고 국토의 균형적 개발을 형성하는데 크게 기여할 것으로 기대되고 있다. 특히 이 전라선 전철화공사와 연계하여 여수에 2012년 전까지 고속열차(KTX)가 운행될 예정이어서 이 지역의 관광객 수송은 물론이고 관광자원개발과 나아가 2012 여수세계박람회를 성공적으로 개최하는 데 기여할 것으로 생각된다.

전라선 구간에는 개통 이래 많은 역사(驛舍)가 신설·이전·폐지 등의 과정을 거쳐 현재 36개소가 남아 있다. 이미 개량·복선화사업이 끝난 익산·순천간의 역사에 대한 변동은 거의 없을 것으로 생각되나 현재 개량·복선화 공사가 진행 중인 순천·여수간의 역사는 많은 변화가 예상된다. 한국철도공사에 따르면 현재 이 구간의 역사로는 순천·성산·율촌·신풍·덕양·여천·만성·여수역 등 8개소가 있는데, 순천역사는 기존 역사를 철거하고 신축 이전, 성산역사는 개량, 율촌역사는 신축 이전할 예정이며 기존 역사는 2006년 12월 4일 등록문화재(제301호)로 지정되어 보존될 것으로 보고 있다. 신풍역사는 개량, 덕양·여천역사는 기존 역사는 철거하고 신축이전, 미평·만성역사 폐지, 마지막 종착역인 여수역사는 기존 역사를 철거하고 마래터널 입구에 신축역사를 설치하기로 계획되었으며, 현 역사부지는 2012 여수세계박람회장으로 활용할 계획이라고 한다.

이같이 여러 역사가 신축이전·폐지되어 아쉬움이 없지 않다. 특히 여수역사는 처음 건축할 당시부터 현재에 이르기까지 여수인들의 노력과 애환이 깃든 곳이기도 하여 아쉬움이 더한다. 하지만 이는 새로운 시대를 열기 위한 일환으로 어쩔 수 없이 역사(歷史)의 뒤안길로 사라지게 된다는 점을 감안한다면 한편으로 위안을 삼을 수 있지 않을까 싶다.

진실과 화해의 미래를 위한 진상규명의 과제

- **분야** 역사
- **유형** 사건
- **지역** 여수, 순천 일대
- **시대** 현대

여순사건의 배경

여순사건의 배경에 대해서는 여러 상반된 견해가 있다. 우선 이 사건이 돌발적으로 일어났다고 보는 견해이다. 남로당은 1948년 말로 예정된 미군철수를 전후해서 본격적인 무장투쟁을 통해 정권을 정복하려고 계획을 세우고 있었으나 여수에 주둔해 있던 14연대 일부병력을 제주도에 파견한다는 상황변화가 때 이른 사건을 촉발시켰다는 것이다. 이는 당시 이 사건 진압에 직·간접적으로 참여했던 미군사고문단의 견해로서 거의 정설로 받아들여지고 있다.

다음으로 계획설인데 이는 이른바 혁명의용군사건과 관련시켜 극우파와 극좌파가 결탁하여 쿠테타를 일으켰다는 견해와 당시 제주도 유격대에 가해지고 있던 정부 당국의 압력을 분산시켜 제주도의 혁명을 성공시키고 이와 더불어 본토에 제2전선을 형성함으로써 전국적인 혁명을 성공시키기 위해 좌익세력들이 계획적으로 발발시켰다는 견해이다. 이 계획설은 당시 정부 혹은 군부의 입장을 대변한다.

마지막으로 미국의 결의 시험설인데 이것은 당시 이 사건을 남로당에서 세웠던 계획의 일환이라고 보는 것이다. 다시 말해 남로당이

1. 여수중앙초등학교
2. 여수 중앙동 로터리
3. 여순사건 잉구부 전투지
여수에서는 봉기군 및 부역 활동 혐의자로 오동도에 재수용되어 심사를 받은 자가 수백 명에 달했으며, 상당수는 마래터널 뒤쪽에서 집단으로 총살을 당했다.

봉기를 하였을 때 미국의 개입이 어느 정도일 것인가를 시험해 보는 동시에 새롭게 등장한 대한민국정부의 정통성을 기초부터 흔들어 놓기 위한 일련의 봉기로 보는 입장으로 정치적 요인에 많은 비중을 둔 견해라 할 수 있다.

이 같이 여순사건에 대한 배경은 여러 가지 견해로 나누어지고 있다. 이는 당시 당국이나 미군, 남로당이 처해 있는 상황적 요인들을 주관적인 입장에서 해석하면서 나타난 견해로서 그 한계가 명백하다. 이 사건의 배경으로 어느 특정한 상황만을 내세우기는 힘들다고 판단되며, 넓게는 당시의 정치·사회적 상황, 좁게는 여수 14연대의 창설, 군과 경찰의 갈등, 남로당의 침투와 숙군작업의 상황 등이 함께 고려되어야 한다고 생각된다.

여순사건의 전개

1948년 10월 19일 저녁 여수에 주둔하고 있던 지창수를 비롯한 14연대 병사들 3,000여명은 단독정부수립에 반대하고 제주도에서 일어난 항쟁을 진압하라는 파병 명령을 거부하기 위해 봉기하였다. 이 봉기는 매우 빠르게 진행되었는데 20일 새벽에는 여수읍이 완전히 이들의 치하에 들어갈 정도였다. 여수읍을 장악한 봉기군 2개 대대 병력(2천명)은 여수역에서 6량의 객차에 분승하여 순천으로 올라가 중위 홍순석 휘하의 순천주둔 14연대 2개 중대 병력과 합류, 순천을 공격했다. 이때 순천에는 광주 4연대에서 파견된 1개 중대와 순천 및 인근지역 경찰 500여명이 방어하고 있었지만 4연대 1개 중대가 반군에 합류함으로써 오후 3시경 순천도 봉기군에 의해 점령당하였다. 봉기군에 의해 점령당한 여수와 순천에서는 남로당원들에 의해 인민위원회가 구성되었는데 이 인민위원회는 친일파, 민족반역자, 그리고 경찰 및 우익인사들을 처단하였다.

20일 오후 봉기군은 3개 부대로 재편성해서 주력부대는 학구·구례·남원 방면으로, 한 부대는 광양 방면으로, 다른 부대는 벌교·보성 방면으로 분진해 나갔다. 21일 정오를 기하여 보성·광양의 전 지역과 남원·구례·곡성의 일부 지역이 봉기군에 의해 점령당하였다. 봉기군이 점령한 지역에서는 그 지방 좌익세력과 청년 학생들이 대거 참여하여 광범위한 대중 봉기로 발전하였다.

한편 같은 달 20일 새벽 주한미군 임시고문단장 로버츠 준장은 여순사건에 대한 대책을 강구하기 위해서 비상회의를 요청했다. 국방장관 이범석, 총사령관 송호성, 미군사고문관 등이 참석했던 이 회의에서 진압작전을 지도할 특수부대를 광주에 파견키로 결정했다. 전반적인 작전계획은 이 특수부대가 20일 오후 광주에 도착한 직후 수립되었다. 육군총사령부는 10월 21일 반군토벌총사령관에 송호성 준장을 임명하고 광주·마산·대구·진주·군산·대전 등지에 주둔하고 있던 총 10개 대대 병력을 광주·남원·하동에 집결시켜 같은 날 18:00시에 순천·보성·광양 방면의 봉기군을 포위하고, 22일에는 이승만대통령이 여수·순천지역에 계엄령을 선포함으로써 진압작전이 본격화되었다. 순천지역의 진압군은 순천의 외곽지대인 학구를 점령한 다음 순천시내로 진격하였다. 진압군이 순천으로 진격해오자 봉기군 2개 대대는 소규모 단위로 산개해서 광양, 벌교, 보성으로 도주했으며, 진압군이 순천에 진입했을 때는 좌익청년단, 학생단체에 의해 방어되고 있었다. 이어 24일에는 광양과 여수 지역의 진압작전에 나섰다. 일부 병력은 광양 방면으로 그리고 나머지 병력은 여수 지역으로 진격하였다. 그런데 여수로 진격하던 진압군이 미평 부근에서 매복중인 봉기군의 기습을 받아 진압군 270여명과 외신기자가 사상당하고 총사령관인 송호성이 부상당하는 사태가 발생하여 여수 진압작전에 큰 차질이 생겼다. 이에 진압군측은 광양 방면에서 봉기군을 추격 중이던 진압군을 여수 지역에 투입하는 것이 불가피하다고 생각되어 그 병력을 여수에 투입시켰는데, 광양지역 봉기군은 이름을 노려 지리산 등으로 잠입하게 되었다. 그리고 미평사건으로 인해 진압군이 주춤하는 사이 여수읍내에 있던 반군 1개 대대가 포위망을 뚫고 벌교와 지리산 방면으로 도주하였다. 진압군은 25일 오후 3시경 여수읍 외곽지대를 장악한 다음 시가지 진압을 위해 진격하였다. 26일 정오가 지나자 진압군은 최종공세를 펼쳐 26일 오후가 돼서야 여수를 진압하게 되었다.

여순사건의 진상규명

　여수·순천지역의 봉기군이 진압되자 진압군은 봉기군 및 부역자 색출에 나섰다. 순천의 경우 23일 오전 약 5만 명의 읍민이 순천북초등학교 교정에 집결되었다. 여기에서 군용팬티를 입은 자, 머리가 짧은 자, 하얀 고무신을 신은 자들이 1차로 분류되고, 2차로 군·경·마을유지로 구성된 심사위원에 의해 인민재판에 적극적으로 참여한 자 1급, 소극적으로 참여한 자 2급, 애매한 자 3급으로 분류되어 심사를 받았다. 심사는 주로 외모, 고발, 개인적 감정에 의한 중상모략, 강요된 자백에 근거를 두었기 때문에 무고한 많은 사람들이 처벌을 받기도 했다. 특히 봉기군이나 인민재판에서 적극적으로 활동하고 우익인사의 처형에 앞장섰던 이들은 즉석에서 무참하게 타살되거나 총살을 당했다.

　여수의 경우 봉기군 및 부역활동 혐의자로 오동도에 재수용되어 심사를 받은 자가 수백 명에 달했으며, 일부는 현 만성리해수욕장으로 가는 도로 중간의 마래터널 뒤쪽에서 집단으로 총살을 당했는데 그 수를 헤아리기 힘들 정도였다. 그 외 봉기에 참가했다고 혐의를 받은 대부분의 민간인은 경찰로 넘겨졌으며, 이들의 일부는 가혹하게

만성리 형제묘. 학살 후 시신을 찾을 길이 없던 유족들이 죽어서라도 형제처럼 함께 있으라고 형제묘라 이름 붙였다 한다.

고문을 당하거나 심지어는 법적인 절차를 무시당한 채 즉석에서 처형되기도 했다.

기왕 여순사건에 대한 평가는 이데올로기의 관점에 따라 많은 차이를 보인다. 때문에 여순사건의 명칭 규정과 개념 또한 이러한 입장에 따라 크게 달리해 온 것이 사실이다. 이러한 여순사건은 50여년 이상 방치되어 오다가 2005년 5월 3일 여순사건을 포함한 과거사특별법을 제정하여 그 진상규명을 진행 중이나 아직 실태조사조차 제대로 이루어지지 못하고 있는 것이 현실이다. 이렇게 사건의 진실규명이 진척을 보지 못함으로 인해 피해를 보는 것은 지역 주민들이다. 이 지역 주민들은 여순사건 당시부터 현재에 이르기까지 부역자, 빨갱이 나아가 반란의 주체로 몰리면서 숱한 인명·재산피해와 멸시를 감수해야만 했다. 특히 이 사건의 사실들이 과장되거나 은폐되고 근거 없이 확대되면서 이 지역 주민들의 피해는 더욱 깊어만 갔으며 이로 인해 지역공동체성마저도 흔들릴 때가 있었다. 여순사건으로 인해 분열된 지역주민의 마음을 화합하여 지역공동체성을 회복하는 길은 여순사건의 진상규명이 하루빨리 이루어지는 데서부터 시작되어야 하며, 예속과 전쟁 그리고 분단과 증오로 점철된 20세기의 역사를 마감하고 진실과 화해의 21세기를 진행시키려 할 때 반드시 선행되어야 할 문제 또한 여순사건의 진상규명일 것이다.

국가산업 발전의 핵심기지

- **분야** 역사
- **유형** 사건
- **지역** 여수
- **시대** 현대

우리나라 최대의 석유화학 중심기지로 도약

1960년대 중반 당국의 중화학공업 육성정책의 일환으로 석유화학단지의 조성이 추진되었다. 1966년 건설부에 의해 현 여수국가산업단지가 공업지역으로 지정되면서 1967년 2월 우리나라에서 두 번째로 석유화학단지가 조성되기 시작하였다(여천공업기지 기공). 같은 해 2월 현 GS칼텍스정유 여수공장이 착공되어 1969년 6월 3일에 준공을 보게 됨으로써 여수국가산업단지 내 첫 석유화학공장이 들어서게 되었다. 1974년에는 광양만 일대가 산업기지개발구역으로 지정되면서 총면적 18,100,000㎡ 규모의 석유화학단지 건설사업이 착수되기에 이르렀다. 1973년 10월 13일에 기공식을 가진 제7비료(남해화학)공장이 1977년 준공되었다.

1967년 여천공업기지 기공식을 가진 직후부터 전라남도에서는 여천지구에 공단관리사무소를 개설하고 행정적인 업무를 보조하였으나 증가하는 행정수요를 충족시키지 못하자 1976년 9월 1일부터는 전라남도 여천출장소를 개소해 행정의 원활함을 꾀하였다. 그리고 이어 현 여수시 쌍봉동 일대에 산업단지 배후도시 공사를 착수하게 되었으

며, 1980년 4월 1일에는 여천출장소 사무소 건물을 준공하여 현 여수시 삼일동에 있었던 출장소사무소를 구 여천시청사(현 여수시청사)로 이전하였다. 이어 1986년 1월 1일 전라남도 여천출장소가 여천시로 승격되어 여수국가산업단지에 관련된 제반 업무를 보조 관리해 왔다. 이무렵 산업단지 내 산업기지 개발구역 면적이 44,100,000㎡로 확장·고시됨으로 인해 대단위 산업기지 기반이 마련되었다. 이어 1980년 1월 29일에는 제2석유화학단지 내 관련 계열공장들이 준공되어 각종 석유화학 기초소재를 생산·공급함으로써 국가산업발전에 크게 기여하게 되었으며, 명실상부한 종합화학단지의 면모를 갖추는 한편 국제무역수지 개선에도 크게 이바지하였다.

여수국가산업단지는 크게 기존단지(육지부)와 확장단지(해면부)로 구분된다. 기존단지는 1967년부터 단지조성공사가 진행되어 1998년 12월 31일에 총면적 23,641,000㎡의 면적에 대해 준공을 보게 되었다. 이곳은 산업시설면적이 16,895,000㎡, 지원시설면적 1,179,000㎡, 공공시설면적 2,787,000㎡, 녹지면적 2,780,000㎡로 나누어져 있다. 확장단지는 1992년 3월부터 총 8,070,000㎡의 면적을 조성하

망
향
비

기 시작하여 2010년 12월에 준공예정이다. 확장단지는 산업시설 6,035,000㎡, 지원시설 379,000㎡, 공공시설 1,171,000㎡, 녹지시설 485,000㎡로 나누어져 있다.

한편 여수국가산업단지가 원활하게 가동되기 위해서는 여러 기반시설이 확충되어야 했었는데, 그것의 대강을 살펴보면 아래 표와 같다.

이 기반시설 외에도 육로 물류수송의 원활함을 기하고자 전라선(이리~여수)의 덕양역에서 적량역간의 여천선이 1969년 5월 1일에 개통되었다.

여수국가산업단지는 몇 차례의 변화와 단지확장을 거치는 가운데 국내석유화학생산 제1의 산업단지로 성장·발전하였다. 여수국가산업단지는 국가공업단지로 조성된 이래 현재 정유·안료·석유화학계열 업종이 입주해 있는 국내 최대 규모의 중화학공업단지로서 산업용 원료소재의 안정적인 공급과 첨단기술을 통한 미래 신제품 개발에 주력함으로써 국가의 산업발전을 이룩하는 데 중추적인 역할을 담당하고 있다.

그리고 여수국가산업단지라는 명칭은 2001년 10월부터 사용하고 있는데, 이전에는 여천공업단지, 여천국가산업단지 등의 명칭으로 사용되다가 삼려가 통합을 이룸으로 인해 통합시의 명칭을 인용하여 현재의 명칭으로 개칭하였다.

기반시설 현황

구분	시설내역	공급능력	비고
공업용수	·주수원지 : 주암댐 ·예비수원지 : 수어댐 (325,000톤/일)	540,000톤/일	사용량 : 246,000톤/일
전력	·한국남동발전(주) 여수화력발전처 : 500,000kW ·한국동서발전(주) 호남화력발전처 : 500,000kW	1,000,000kW	진력수요량 : 580,000kW
항만	부두 14개소 ·국유부두 7개소 ·사유부두 7개소	31개 선좌 동시접안	접안능력 : 2,000톤 ~300,000톤

여수국가산업단지 조업현황(2008년 11월 현재)

입주업체 현황(단위 : 개사)

산업시설구역				
계	가동	건설 중	미착공	휴업
265	184	37	44	–

입주 및 가동업체 현황

구분	계			가동			휴·폐업			건설 중			미착공			임차업체
	당월	전월	전년	당월	전월	전년	당월	전월	전년	당월	전월	전년	당월	전월	전년	
음식료																
섬유의복																
목재종이																
석유화학	128	128	107	86	86	85	0	0	0	21	21	7	20	20	15	8
비금속	13	13	13	13	13	13	0	0	0	0	0	0	0	0		3
철강							0						0	0		
기계	87	87	69	57	57	47	0	0	0	13	13	10	17	17	12	5
전기전자	1	1	1	1	1	1	0	0	0	0			0	0		0
운송장비							0			0			0	0		
기타	13	13	10	11	11	8	0	0	0	1	1	1	2	2	1	1
비제조업체	23	23	18	16	16	16	0	0	0	2	2	1	5	5	1	1
총계	265	265	218	184	184	170	0	0	0	37	37	19	44	44	29	18

생산목표

년도/구분	생산액	수출액	비고
2008년 계획	454,000억 원	18,300백만 $	
2008. 11월 실적	36,738억 원	1,195백만 $	
(2008년 누계)	(581,301억 원)	(21,402백만 $)	
(계획대비)	(128.9%)	(116.9%)	

주요 입주업종 : 정유, 석유화학, 비료

- 정유 : GS–Caltex㈜ 77만 B/일 (국내원유정제능력 290만 B/일의 27%)

- 석유화학 : 에틸렌기준 343만 톤/년 (국내총생산능력 727만 톤/년의 47%)

- 비료 : 남해화학㈜ 136만 톤/년 (국내총생산능력 420만 톤/년의 32%)

*이상 여수국가산업단지의 역사와 전체적인 현황은 한국산업관리공단 여수지사의
자료지원으로 서술되었음

여수국가산업단지는 몇 차례의 변화와 단지확장을 거치는 가운데 국내석유화학생산 제1의 산업단지로 성장·발전하였다.

생활공동체의 실현과 지역발전

- **분야** 역사
- **유형** 사건
- **지역** 여수
- **시대** 현대

삼려통합 추진 과정

여수반도의 삼려통합에 대한 논의가 일어난 것은 1994년 들어서였다. 본격적인 지방자치 실시(1995. 7. 1) 전에 인위적으로 분리되었던 지역의 행정구역(도시와 농촌)을 통합함으로써 무한경쟁시대, 지방자치시대의 지방의 경쟁력을 제고한다는 정부의 도농통합시 설치 방침이 세워진 직후였다. 이에 따라 1994년 4월 25일 여천군을 여수시와 여천시로 분할 통합하는 안으로 주민의 의견을 조사했으나 여수 시민의 절대적 반대로 무산되었다. 그 후 1994년 5월 10일 다시 삼려통합 안으로 주민조사가 실시되었으나 여천시·군민의 반대로 무산되었고, 1995년 3월 21일 실시된 제3차 삼려통합 주민의견조사를 실시했으나 여천 시민의 반대로 무산되었다.

삼려시·군 통합이 3차례에 걸쳐 무산된 이후 지방자치시대 개막 등 정치적인 여건 변화에 따라 정부기관과 정치인들이 앞장 선 통합 논의를 자제하고 물밑에서 지역주민들이 발의하고 결성한 통추위(삼

1998년 4월 1일 역사적인 삼려통합시(명칭: 여수시, 시청: 구 여천시청)가 출범하고 통합여수시 의회가 개원함으로써 비로소 50여 년에 걸친 여수반도민의 숙원을 해결하였으며, 21세기 세계 중심도시로 도약할 수 있는 발판을 마련하게 되었다.

경 축
통합교육청 개청
하나된 여수반도 21세기를 주도할 인재육성
'98. 4. 11 전라남도여수교육청

1998 . 4 . 1
통합 여수시의회 개원

慶 통합여수시개청식 祝
1998 . 4 . 1

려통합추진위원회) 등의 사회단체를 중심으로 논의가 거듭 진행되었 삼려통합 관련 신문기사.
다. 1996년 이후 WTO체제로의 급격한 변화와 율촌산단 조성 등 광
역광양만권의 개발 본격화로 그 개발 이익을 흡수하기 위해 통합 순
천시와 통합 광양시 등이 출범하고 이로 인해 이들 통합시들이 새로
운 도약의 전기를 맞이하게 되자 그에 자극을 받아 이러한 논의가 활
성화된 것이다.

삼려통합의 논의가 성숙되어 나가자 1997년 6월 30일 삼려 시장
·군수가 삼려 행정구역 통합에 관한 주민의견조사를 실시키로 전격
합의하였고, 본격적인 통합추진이 재개되어 9월 9일 역사적인 삼려
통합 주민의견조사가 실시되었다. 이날 주민의견조사에서 삼려시·군
민 반수 이상이 통합에 찬성함으로써 주민의 의사는 확인되었으며 행
정구역 통합을 위한 법적 절차만 남기게 되었다. 9월 27일 삼려시 군
별 의회 의견을 수렴하여 전라남도에 통합시 설치 건의를 하였고 10
월 4일 전라남도의회의 의견을 수렴하여 삼려시·군 통합시 설치를 중
앙정부에 건의하였다. 11월 17일 국회에서 전라남도 여수시도농복합
형태의 시 설치 등에 관한 법률이 의결되었고, 12월 17일 법률 제

5457호로 위 법률이 공포되었다. 법률이 공포됨에 따라 12월 22일부터 1998년 3월 31일까지 전라남도에 통합시 설치지원단이, 삼려시·군에는 통합시설치준비단이 구성 운영되어 4월 1일 통합시 출범을 대비하여 기구·직제, 정원조정, 법규정비, 예산조정 등의 준비업무를 수행하였다. 4월 1일 역사적인 삼려통합시(명칭: 여수시, 시청: 구 여천시청)가 출범하고 통합여수시 의회가 개원함으로써 비로소 50여 년에 걸친 여수반도민의 숙원을 해결하였으며, 21세기 세계 중심도시로 도약할 수 있는 발판을 마련하게 되었다.

삼려통합의 의의

행정구역 통합의 추진은 한마디로 '뿌리 찾기' 작업이다. 통합대상이 되는 시와 군은 역사적으로 한 뿌리이고 같은 학교를 다니고 같은 시장을 이용하던 공동 생활권으로서 풍습과 생활방식도 같다. 그런데 1980년대까지 우리나라의 행정구역에 관한 정책이 도·농 분리에 의한 구역 설정을 추진하였던 관계로 많은 시·군이 인위적으로 분리됨으로써 여러 단점이 드러났다. 행정구역 통합은 원래 한 뿌리였던 것을 인위적으로 갈라놓았던 것을 본래대로 회복시키는 작업이다. 때문에 이것은 경제적·행정적 효율성뿐만 아니라 한 생활공동체성을 회복하는 길이기도 하다. 또한 이는 당장 현실의 이익보다는 후손들이 꿈을 가지고 펼쳐 나갈 터전을 마련해 주는 미래를 위한 준비 작업이기도 하거니와 지역경쟁력, 도시경쟁력을 강화하여 무한경쟁시대의 승리자가 되기 위한 예비 작업인 셈이다.

그동안 세 차례에 걸쳐 행정구역 통합을 추진했으나 무산된 바 있는 삼려통합의 실현은 다가오는 21세기를 맞아 지역발전을 열망하는 33만 시·군민의 선택이었으며, 이는 지역민의 높은 애향심과 현명한 결단이 일구어 낸, 온 여수반도민의 승리라 할 수 있다. 무엇보다도 여수반도의 삼려통합이 값진 것은 기존 도농통합(전국 40여개 도농통합시)이 정부 주도하에 추진되었지만, 삼려시·군의 통합은 시민단체, 주민 등에 의해 발의되고 주민들이 주도한 통합이었다는 점이다. 통합 논의 과정에서 일부 시민들의 갈등과 반목이 없지 않았지만 대의에 입각한 삼려시·군민의 성숙된 시민정신과 자치역량을 유감없이 발휘함으로써 과거 한 뿌리였던 삼려시·군이 하나 되어 지역발전의 획기적인 전기를 마련하게 된 것이다.

삼려시·군 통합을 계기로 여수시가 전남 제1의 도시가 됨으로써 삼려시·군이 가지고 있는 특성과 발전 인자를 하나로 결집시켜 광역 광양만권의 거점도시이자 21세기 환태평양시대의 동북아를 주도할 신해양중심도시로 성장·발전할 수 있는 기틀을 마련하였다고 본다. 나아가 국제 관광·휴양도시 건설과 한반도 서남권 성장 거점도시 육성 등으로 개발과 환경이 공존하는, 삶의 질이 보장된 환경도시를 만들 수 있는 계기를 마련하였다는 데 큰 의의가 있겠다.

삼려통합의 효과

3개 시·군으로 분리되어 비효율적이었던 기구, 직제를 통합·개편함으로써 공무원수를 감축하고 인력의 합리적 재배치로 행정의 생산성과 효율성을 높이고 대민 서비스행정을 극대화 할 수 있었다. 그리고 지역간 이기주의에 의한 도시계획, 상하수도, 쓰레기처리 등 광역행정수행상 애로사항을 해결할 수 있었고, 도로교통망 등의 효율적인 확충으로 도시 교통문제를 일원화함으로써 시민불편을 해소할 수 있었다.

도시 기반시설이 잘 정비된 여수시와 대단위 석유화학공업단지를 유치한 여천시 그리고 풍부한 관광자원과 비교적 넉넉한 개발 가능지역을 보유한 여천군이 통합하면서 상호 보완적 기능으로 국내외에 경쟁력 있는 도시로 육성·발전해 가고 있다. 2012 여수세계박람회의 개최는 통합시가 이루어낸 큰 성과라고 생각되며, 이로써 여수가 세계적인 해양도시로 발전해 나갈 수 있는 계기를 마련한 셈이다.

특히 여수시가 가지고 있는 상업, 수산, 관광, 금융, 교육 등의 기능과 여천시의 공업 그리고 여천군의 관광자원, 주거기반, 수산자원 등을 합하면 공업, 주거, 휴식, 관광 등이 어우러진 이상적인 도시로 성장·발전할 수 있는 무한한 잠재력을 가지고 있어 21세기 지방화·정보화·국제화시대에 적극적으로 대처할 수 있게 되었다.

　그리고 여수·여천시를 합해도 인구 27만에 불과한 중소도시이자 10여분 거리에 위치하는 양 시가 각각 공설운동장, 실내 체육관, 문예회관 등을 경쟁적으로 건설코자 투자를 하다 보니 재정 낭비와 투자 이후 시설관리의 적자가 발생했었다. 그러나 통합이 이루어진 후에는 이에 대한 많은 비용이 감축되어 새로운 시설의 개발 투자비로 전환이 가능하여 균형적인 지역개발을 적극적으로 추진할 수 있었다.

　한편 현재 건설 중인 율촌산단의 조성으로 발생할 개발이익이 인근의 통합 순천·광양지역으로 흡수될 가능성에 대해 여수반도 주민들이 크게 우려를 해 왔었다. 그러나 통합이 이루어진 이후 결집된 예산으로 여수 광양만권과 연계하여 도로, 철도, 통신, 항만과 산업시설에 집중적으로 투자를 하고 있어 이 시설 등이 완비된다면 여수반도가 광양만권의 중심역할을 할 수 있을 것으로 기대되고 있다.

살아있는 바다 숨쉬는 연안

- **분야** 역사
- **유형** 사건
- **지역** 여수 일대
- **장소** 여수 신항 일대
- **시대** 현대

세계박람회(expo)의 정의와 개최 목적

'세계박람회'를 뜻하는 영어 '엑스포'(expo)는 'exposition'의 앞부분에서 따온 말로서 그 어원은 '상품을 사고팔거나 문화와 정보를 교환하는 장'에서 비롯되었으며, 전시회나 설명회의 의미를 포함하고 있다. 우리나라에서는 엑스포를 '많은 것을 모아서 펼쳐 보이는 행사'라는 의미에서 일반적으로 '박람회'라는 말로 번역해 사용하고 있다. 세계박람회는 경제·문화 분야의 종합올림픽과 같은 것으로서 흔히 올림픽, 월드컵 등과 더불어 세계 3대 국제행사로 일컬어진다.

엑스포를 개최하는 주요 목적은 우선 인류가 이룩한 업적과 그 과정에서 나타난 문제점 등을 함께 내보이면서 다가오는 미래의 희망과 어려움을 모든 인류가 함께 공유하여 해결해 나가자는 데 있다. 다음으로 세계박람회는 각국의 산업·문화 활동의 결과물을 전시하여 제품의 가치, 유용성, 독창성을 제시하는 데 있다. 마지막으로 인류가 이룩한 업적에 대한 교육 및 계몽과 나아가 경제적인 파급효과 그리고 박람회 개최를 통한 국민통합, 국가 이미지 향상을 도모하는 데 있다.

여수세계박람회의 유치과정과 개요

1989년 세계박람회기구(BIE)의 개정협약에 의해 종합박람회와 전문박람회의 차이를 없애고 엑스포의 성격과 기간, 개최규모, 개최횟수 등에 따라 등록박람회(registered exhibition) 또는 인정박람회(recognised exhibition)로 구분하고 있는데, 2012 여수세계박람회는 인정박람회에 해당된다. 이러한 2012 여수세계박람회의 유치과정을 보면 다음과 같다.

2002. 12. 9	2012년 세계인정박람회 유치 건의
2004. 12. 7	국무조정실의 국제행사심의위원회 심의 의결
2004. 12. 14	2012 세계박람회 국가계획 확정
2005. 3	해양수산부 내 유치기획단 구성 및 운영
2006. 3	2012 여수세계박람회 유치위원회 구성 및 운영
2006. 5	2012 여수세계박람회 유치위원회 출범
2006. 5. 22	2012 여수세계박람회 유치신청서 세계박람회기구 제출

2007. 4. 9~13 세계박람회기구 현지실사 성공적으로 완수

2007. 11. 27 2012 세계박람회 개최지 여수시로 결정

2012 여수세계박람회는 '살아있는 바다 숨 쉬는 연안'이라는 주제로 개최되는데 그 개요를 표로 제시하면 다음과 같다.

2012 여수세계박람회 개요

명칭	2012 여수세계박람회 (International Exposition Yeosu Korea 2012, EXPO 2012 YEOSU KOREA)
주제	·주제 살아있는 바다 숨 쉬는 연안 : 풍부한 자연보전과 미래지향적 활동 (The Living Ocean and Coast : Diversity of Resources and Sustainable Activities) ·하위주제 ① 연안의 개발과 보전(Coastal Development and Preservation) ② 새로운 자원기술(New Resource Technology) ③ 창조적 해양활동(Creative Maritime Activities)
개최장소	전라남도 여수시 신항 일대
개최기간	2012년 5월 12일 ~ 8월 12일(93일간)
주요시설	주제관, 한국관, 지자체관, 국가관, 시민단체관, 기업관 1 2, 상징타워 등
파급효과	경제파급효과 3조 3,990억 원(90% 전남), 생산유발 12조 2,328억 원, 부가가치 5조 7,201억 원, 고용창출효과 7만 9천 명 등
참가규모	총 100개국, 5개 국제기구, 10개 기업 및 시민단체, 16개 지자체 등
예상관람객	약 800만 명
엑스포 부지면적	174만㎡: 박람회장 25만㎡, 엑스포타운 54만㎡, 엑스포역 16만㎡, 공원 및 기타 35만㎡, 환승주차장 44만㎡

여수엑스포 홍보관. 2012 여수세계박람회는 '살아있는 바다 숨 쉬는 연안'이라는 주제로 개최된다.

여수세계박람회의 기대효과

　세계박람회는 올림픽, 월드컵과 함께 세계 3대 국제행사 중 하나이며 스포츠 제전인 올림픽, 월드컵과는 달리 참가국들의 경제·사회·문화 등을 제시하고 현재의 가치와 미래의 비전을 세계인이 함께 공유하도록 하는 종합행사의 장이다. 따라서 2012 여수세계박람회는 우리나라는 물론이고 남해안권 경제성장의 기폭제 역할을 할 것으로 기대되는데 그 기대효과는 다음과 같다.

　첫째, 2012 여수세계박람회 개최를 통하여 세계적으로는 우리나라의 위상을 높이고 국가브랜드 창출에 기여함으로써 세계 5대 해양강국으로 도약하는 계기를 마련할 수 있다. 둘째, 철도·도로·항만 등 SOC 확충에 의한 관광·생산기반 구축으로 남해안권 발전의 계기 마련이 가능하며, 특히 여수의 인지도를 높이는 것은 물론이고 여수를 선진도시로 부상하게 할 가능성이 매우 높다. 셋째, 경제적인 효과면에서는 약 12조원의 생산유발효과와 약 6조원의 부가가치 및 약 8만명의 고용창출효과가 기대된다.

| 참고문헌 | |

2012 여수세계박람회조직위원회, 『2012여수세계박람회 100문 100답』, 2008.

______, 『민간유치설명회 자료집』, 2008.

______, 『2012여수세계박람회 종합기본계획』, 2009.

KORAIL 철도청순천지역본부, 『철도청순천지역본부사』, 한국매직, 2005.

곽영보 편저, 『격동 거문도풍운사』, 삼화문화사, 1987.

김계유, 『여수여천 발전사』, 반도, 1988.

김당택, 『우리 한국사』, 푸른역사, 2006.

대한무역투자진흥공사, 『하노버 엑스포 종합결과 보고서』, 2000.

변동명, 「조선시대의 돌산진과 고돌산진」, 『역사학보』 198, 2008.

삼려통합사편찬위원회, 『삼려통합사』, 2006.

안종철, 「여순사건의 배경과 전개과정」, 『여순사건 논문집』, 여수지역사회연구소, 2006.

______, 「전남지방의 정치상황과 여순사건」, 『여순사건 논문집』, 여수지역사회연구소, 2006.

여수대학교(전남대학교 여수캠퍼스), 『개교구십년사 1917~2007』, 금성정보출판사, 2008.

여수시·여수지역사회연구소, 『여수의 향기 아름다움이 여기에』, 이레기획, 2007.

여수시·조선대학교박물관, 『여수시의 문화유적』, 2000.

여수·여천향토지편찬위원회, 『여수·여천향토지』, 동광인쇄공사, 1982.

여수지역사회연구소, 『여순사건 60주년 기념 학술심포지움 자료집 여순사건과 대한민국의 형성』,
                    2008.

여천시문화원, 『여천시지 지리 역사 정치 산업』, 호산나인쇄사, 1998.

원유한, 「영국군의 거문도점령사건」, 『군사』 7, 1983.

이기백, 『한국사신론』, 일조각, 1998.

이영일, 「여순사건 국가폭력의 위법성과 진상규명의 방향」, 『여순사건 논문집』, 여수지역사회연구
        소, 2006.

정청주, 「전라좌수영의 역사」, 『전라좌수영의 역사와 문화』, 정문사, 1993.

조원래, 「전라좌수영의 역사」, 『임진왜란과 전라좌수영』, 정문사, 1993.

한국산업관리공단 여수지사, 『YEOSU』.

한국철도, 『철도창설 제103주년 기념 철도주요연표』, 정문사, 2002.

황남준, 「여순항쟁」, 『여순사건 논문집』, 여수지역사회연구소, 2006.

인물

여수 고을을 수호하는 성황신

• **본관** 순천(順天)
• **활동분야** 군사(후백제 견훤의 호위무장)
• **출생지** 여수

김총의 생애와 활동

김총은 후삼국시기 후백제 견훤정권에서 인가별감(引駕別監)이라는 직책을 맡아 활동하였으며, 사후에 순천도호부(여수 진례산)의 성황신으로 모셔졌다. 김총이 언제 어느 곳에서 출생했는지는 확실히 알 수 없으나 오늘날의 행정구역으로는 여수시 상암동 인근에서 출생하였거나 혹은 그곳을 근거삼아 활동한 인물이었다고 생각된다.

김총이 모셨던 견훤은 젊은 시절 순천지역(여수반도를 포함)에서 군사 활동을 하면서 후백제 건국의 기반을 닦았던 것으로 알려져 있다. 김총은 일찍이 이 지역에서 군사 활동을 하던 견훤을 따르며 그와 동고동락을 하던 사이였을 것으로 판단된다. 견훤과 동고동락하던 김총은 견훤이 거병하자 이에 적극 협조했을 것이다. 즉 그는 견훤이 봉기하던 초기 순천을 비롯한 전남 동부지역 호족들의 지지를 이끌어 내어 견훤이 무주(현 광주)를 점령하고 새로운 왕조를 창업할 수 있도록 토대를 마련해 주었던 것이다. 그리고 견훤의 핵심측근으로서 후백제 정권이 전주지역을 아우르고 공주에까지 그 영향력을 확대해 나가는 데 많은 기여를 했을 것으로 판단된다. 그런 와중에 후백제의 국가 체

제가 정비되어감에 따라 견훤의 신변호위 등을 전담하는 인가별감에 올랐던 것이다. 이는 김총에 대한 견훤의 신임이 두터웠던 결과였다.

　김총에 대해 전하는 기록이 많지 않아 김총이 언제 생을 마감하였는지에 대해서는 자세히 알 수 없다. 다만 추측해본다면 김총은 후백제가 그 운명을 다하던 시기 어느 즈음엔가 전몰(戰殁)하였거나 아니면 견훤의 아들 신검(神劍)이 정변을 일으켰을 때 그에 의해 희생되었을 것으로 짐작된다. 다시 말해 김총은 후백제의 창업군주인 견훤의 핵심측근으로서 그를 섬기는 데 일생을 바쳐서 후백제인으로 살다 후백제인으로 생을 마친 인물이었다고 할 수 있다.

김총의 여수 성황신 추앙

　김총은 사후 순천의 성황신으로 향사(享祀)되었다. 성황은 원래 국가나 고을의 방어시설에 대한 단순한 명칭이었다. 그러나 여기에도 신이 있다고 생각함에 따라 성황신앙이 생겨났다. 그리하여 성황신은 국가나 고을을 지켜주는 수호신으로서의 의미를 지니게 되었다. 이는

순천김씨시조사적비. 김총은 후삼국시기 후백제 견훤정권에서 인가별감(引駕別監)이라는 직책을 맡아 활동하였으며, 사후에 순천도호부(여수 진례산)의 성황신으로 모셔졌다.

순천김씨 시조인 평양군 김총의 무덤.

성황사에 배향된 인물이 무신이나 장군, 고을의 방어를 위해 전투에 참가한 이들이었다는 사실에서도 알 수 있다. 이러한 성황신앙은 우리나라에서는 고려 초기 이후에 널리 퍼졌다. 그 중에는 고려의 건국과 후삼국 통일에 공로를 세운 장수들을 성황신으로 모시는 경우도 있었다. 그래서 전쟁을 할 때는 승리를 기원하기 위하여, 전쟁에서 승리했을 경우에는 감사의 표시로 성황신에 제사를 지냈다. 이처럼 각 지역의 성황신이나 성황사는 지역민들을 정신적으로 결집시키는 역할을 하였다. 한편 이러한 성황사는 본시 지방 유력계층의 자발적인 참여와 주도 아래 설치되는 경향이 있었다고 한다. 성황신앙 및 그와 관련된 제의(祭儀)를 통하여 지역적인 연대의식을 고취시키며, 나아가 그러한 행사를 주도함으로써 자신들을 중심으로 지역민을 결집시켜 토착세력으로서의 위상을 굳건히 할 수가 있었기 때문이라는 것이다. 또한 이들은 자신들의 조상을 고을의 수호신인 성황신으로 추앙함으로써 지역민들의 자발적인 복종심을 유도하려 하였다고도 한다.

김총을 이 지역의 성황신으로 추앙한 연유도 그와 무관하지 않았다. 앞서 살핀 바와 같이 김총은 여수 지역과 연고가 깊은 인물이었다. 여수 출신이거나, 그렇지 않다고 해도 여수반도를 주요한 근거지로 삼아 활동을 벌이던, 신라말 고려초의 해상세력 출신 호족이었다. 말하자면 여수 지역 토착세력을 상징하는 역사상의 실존 인물이었던 셈이다. 이러한 김총을 당시 이 지역의 유력계층이 신격화함으로써 지역주민의 결집은 물론이고 지역 주도세력으로서의 자신의 위상을 정립하려고 했던 것이다. 그렇다면 김총은 언제 어떠한 과정을 거쳐 이 지역의 성황신으로 받들어졌던 것인가.

김총은 처음 진례산(현 여수 상암동)에 소재하던 여수현의 성황신으로 추앙되었다. 여수현은 고려초기부터 충정왕 2년(1350) 이전까지 순천에 소속되어 있던 속현이었다. 그러던 여수현이 순천으로부터 독립하여 현령관으로 승격하였던 것은 고려 후기 충정왕대에 이르러서였다. 이렇게 여수가 주현화(主縣化)할 수 있었던 것은 김총의 후예로 알려진 김유정(金惟精)·김승유(金承霤) 부자와 같은 이들의 중앙 정계 진출이 주요 배경으로 작용하였다. 그리고 이들은 여수현의 주현화 작업과 함께 현 전남 동부지역 내에서의 여수의 위상 강화와 더불어 여수를 이끄는 중심세력으로서의 권위를 높이고자 자신들과 연고가 깊은 역사상의 실존 인물인 김총을 성황신으로 추앙했던 것이다. 그 시기가 대략 충정왕 2년(1350)의 일이었다. 한편으로 충정왕 2년을 고비로 하여 빈번하고 대규모적인 왜구의 침입이 있었던 사실과도 연관되어 있었다. 왜구의 노략질에 신음하던 주민들에게 김총은 고을을 수호하는 수호신으로서 적격한 인물이었을 것이기 때문이다. 특히 그가 여수반도 즉 해양을 근거지로 활동했던 장수였다는 사실에서 더욱 그러했다고 생각된다.

요컨대 김총의 후손들이 전란기를 맞아 무장으로 명성이 있었던 김총을 고을의 수호신인 성황신으로 추앙했던 것은 지역사회에서 자신들의 위상정립은 물론이고 잦은 왜구의 노략질로 불안해하던 지역민들을 정신적으로 결집시킬 수 있다고 생각했기 때문이었다.

이후 김총은 순천의 성황신으로 전화(轉化)되었다. 조선 태종 9년(1409) 무렵 여수현이 혁파되어 순천도호부의 직할지로 편입되면서, 여수의 성황신이던 그가 순천의 성황신으로 자리 잡게 되었던 것이다. 현이 사라지고 치소(治所)가 순천지역으로 옮겨가는 데 대한 여수 지역민의 불만을 완화시키고자, 진례산의 옛 여수현 성황당을 공식적인 관제(官祭)를 받는 순천도호부의 성황사로 삼게 된 데 따른 일이었다. 이후 순천 성황신 김총은 조선후기에 이르도록 관아로부터 제향(祭享)을 받게 되었다.

해양의 시대 예비한 민족의 성웅

- **본관** 덕수(德水)
- **별칭** 자 여해(汝諧)
- **활동분야** 군사
- **출생지** 한성부(漢城府) 건천동(乾川洞)
- **주요저서** 『난중일기(亂中日記)』

이순신의 생애와 활동

이순신은 인종 원년(1545) 음력 3월 8일 현재 서울의 중구 인현동으로 추정되는 건천동에서 부 이정(李貞)과 모 초계변씨(草溪卞氏) 사이의 4형제 중 셋째 아들로 태어났다. 그의 5대조인 변(邊)은 영중추부사와 홍문관대제학을 역임하였고 증조부인 거(琚)는 병조참의를 지냈다. 이러한 사실을 놓고 볼 때 이순신의 가문은 문반으로 그 명성을 유지해 왔다고 볼 수 있다. 그러나 그의 조부인 백록(白綠)이 조광조(趙光祖) 등의 사림과 함께 활동하다가 기묘사화가 일어나자 곧 관직을 그만두게 되었고 그 여파로 인해 가세가 기울었던 것 같다.

이순신은 명종 21년(1566) 22세의 나이에 무예를 배우기 시작했으며, 선조 5년(1572) 28세의 나이로 훈련원 별과시험에 응시했으나 시험장에서 말이 넘어져 낙방하였다. 그러나 그는 4년 뒤인 선조 9년(1576) 32세의 나이로 무과에 급제하였다. 이해 12월 이순신은 함경도 동구비보(董仇非保)의 권관(權管)으로 관직생활을 시작하였다. 그는 3년 동안의 동구비보 권관의 임기를 마치고 8품직으로 승진하여 봉사(奉事)가 되었는데, 이때 이순신은 병조 낭관 서익(徐益)이 규정

이순신은 조선정부가 해양을 차단하여 초래된 국가의 위기를 기적과도 같이 구해냄으로써, 우리 역사가 해금의 시대에서 해양의 시대로 나갈 수 있는 단초를 제공했다는 데 그 위대성이 있다.

聖雄李舜臣像
민족의태양

 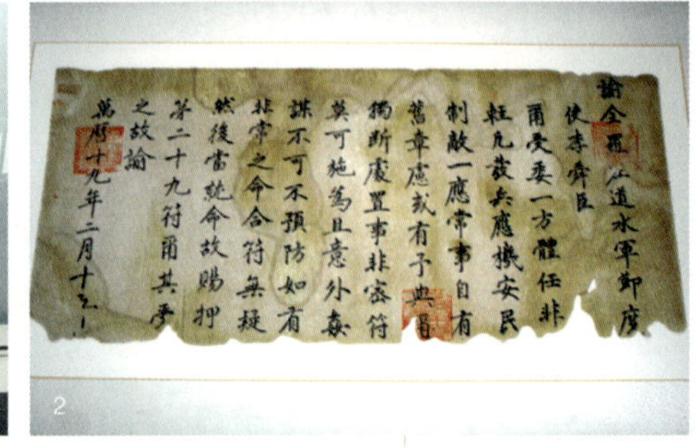

을 어기고 자신과 친분이 있는 자를 승진시키려 하자 반대하여 승진을 못시키게 하기도 했었다. 이어 그는 충청도 병마절도사 군관이 되었다가 이듬해에 전라도 흥양현의 발포(鉢浦)의 수군진 만호(萬戶)로 부임하였다. 그가 발포만호로 재직하는 동안 군 내부의 불합리한 관행에 대항하여 동료들이나 상관의 감정을 사는 일이 계속되었다. 그러던 중 군기 경차관 서익이 고의적으로 무기상태가 불량하다는 빌미를 잡아 결국 파직을 당하게 되었다.

선조 16년(1583) 여진족이 함경도에 침입하자 예전에 전라좌수사였던 이용이 함경남도 병사로 부임하면서 이순신을 군관으로 발탁하여 다시 관직생활을 하게 되었다. 이용은 전라좌수사 시절 주변 군관들이 이순신을 모함한 것을 그대로 믿고 그를 파직하려고까지 했던 인물이었다. 그런데도 자신의 휘하로 다시 부른 것은 그 사건 이후 이순신의 진정성을 알았기 때문이었을 것이다. 이순신은 이어 함경도 건원보(乾原保) 권관으로 있을 때에 공을 세워 두만강 하구의 조산보(造山保)만호로 임명되었다.

조산보만호로 있을 때(선조 20년, 1587)에 여진족의 침입사건으로 인해 모함을 받아 면직 백의종군하다가 같은 해 말 공을 세워 사면을 받았다. 선조 22년(1589) 2월에 전라순찰사 이광(李洸)의 군관이 되었다가 같은 해 12월에 정읍현감으로 임명되었다. 선조 24년(1591) 2월 진도군수로 임명되었다가 다시 가리포진(加里浦鎮) 수군첨절제사(水軍僉節制使)로 임명되었는데, 부임하기도 전에 거듭 전라좌도 수군절도사로 임명되었다.

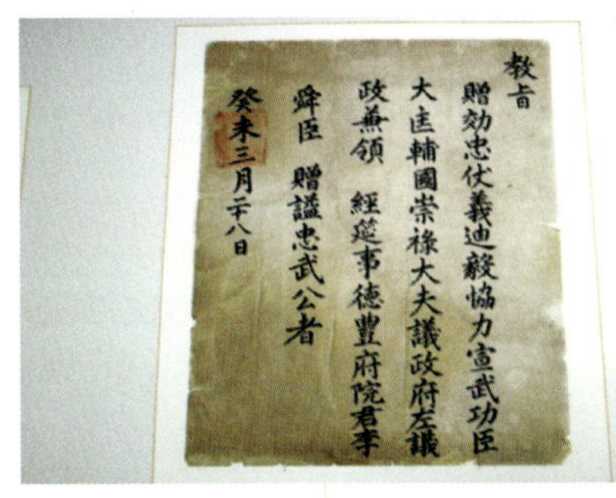
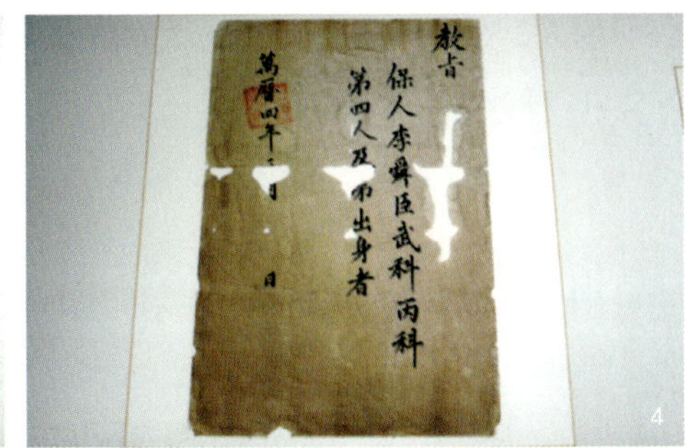

전라좌수사로 부임한 이순신은 좌수영 관할인 사도·녹도·발포·여도·방답진 등의 수군진과 순천·흥양·보성·광양 등의 제읍(諸邑)을 순회하면서 군사시설 점검과 엄정한 군기확립을 위한 제반 조치를 취하였다. 1592년 3월 하순에는 좌수영 앞에 철쇄(鐵鎖) 가설을 완료하고 왜군이 부산포를 공격하기 불과 며칠 전인 4월 11일에는 거북선 건조를 완료하였다. 이순신은 선조 25년(1592) 4월 13일 일본군이 부산에 침입하자 전열을 가다듬고 대기하다가 5월 4일 전라좌수영에서 1차 출전을 하였는데, 이때 옥포·합포·적진포 해전에서 크게 승리하였다. 같은 해 5월 29일 2차 출전을 하여 사천·당포·당항포 해전에서 거듭 승리하였다. 2차 출전 때에는 전부터 소수의 군선을 거느리고 참여한 원균(元均)의 수군에 더해 전라우수사 이억기(李億祺) 휘하의 수군까지 합세하였다. 같은 해 7월 4일 3차 출전을 해서 한산도·안골포 해전에서 승리를 거두고, 8월 24일 4차 출전을 하여 장림포·부산포 해전에서 대승을 거뒀다.

이순신이 이끄는 전라좌수영의 수군을 중심으로 이억기의 전라우수영 수군, 그리고 원균의 경상우수영 수군이 연대한 3도 수군이 경상도 일대의 해전에서 왜 수군을 연전연파하자 그들은 더 이상 바다에 나오지 못하고 경상도 연안지역에 왜성(倭城)을 축조하고 그곳에 머무르면서 수시로 주변마을들을 노략질하는 소극적 전술로 전환하였다.

이순신은 왜성에서 소극적인 전술로 일관하는 왜군을 견제하기 위해 본영은 여수에 그대로 두고 전투사령부를 한산도로 옮겼다. 선조

26년(1593) 7월이었다. 그리고 그 다음 달에 삼도수군통제사로 임명되었다. 사정이 이렇게 되자 왜군은 더욱 왜성에서 버티는 작전을 펼쳤다. 아울러 강화회담의 진행과 함께 전선은 교착상태에 빠지게 되었다. 그 후 1596년 하반기에 이르러 강화회담이 결렬되자 다시금 전운이 감돌기 시작했다. 결국 1597년 전쟁이 다시 터졌는데, 이때 이순신에게 뜻하지 않은 일이 벌어졌다. 조선 조정이 일본의 계략에 휘말리면서 그가 죄인의 몸이 되었던 것이다. 이순신의 뒤를 이어 삼도수군통제사가 된 원균은 무리하게 왜군을 공격하다가 1597년 7월 16일 칠천량해전에서 참패하였으며, 조선수군은 전멸되다시피 하고 제해권마저 왜의 수군에게 넘겨주게 되었다. 이러한 상황에서 조정에서는 백의종군하던 이순신을 다시 삼도수군통제사로 재기용하여 수군의 재건을 주문하였다. 이순신은 남겨진 12척의 배와 장정들을 모아 군대를 보완해서 1597년 9월 16일 명량해전에서 130척의 일본군 함

1. 무술항 이충무공유적기념비
2. 통제이공수군대첩비
이순신은 선조 25년(1592) 4월 13일 일본군이 부산에 침입하자 전열을 가다듬고 대기하다가 5월 4일 전라좌수영에서 1차 출전을 하였는데, 이때 옥포·합포·적진포 해전에서 크게 승리하였다.

대를 맞아 대승리를 거두었다. 이어 1598년 11월 이순신은 퇴각하려고 집결한 약 5백 척의 적 함대를 명 수군과 합세해 노량 앞바다에서 대파하였으나 그 와중에 적의 유탄을 맞고서 운명을 달리했다.

왜 이순신인가?

이순신은 우리에게 구국의 성웅으로 추앙받고 있다. 하지만 이순신이 조선 당대부터 성웅으로 인정받은 것은 아니었다. 조선은 무(武)보다 문(文)을 숭상하던 사회였기 때문이다. 다만 그 시대의 무장 가운데 이순신만큼 사후에 추앙된 장수를 찾아보기는 힘들다. 이순신이 전사한 뒤 그를 기리는 사당이 여러 곳에 세워졌던 것은 매우 주목되는 사실이다. 조선왕조에서 그처럼 무장을 추모한 사례를 찾아보기 어렵기 때문이다. 여기에 더하여 정조대에는 왕의 명에 의해 『이충무공전서』가 편찬된 사실도 매우 이례적인 일이 아닐 수 없다. 하지만 당시 사회에서 퇴계 이황이나 율곡 이이와 같이 중요한 학자 관료나 그 밖의 여러 서원(書院)에서 받들던 인물들이 사회적으로 추앙받던 것에 비할 수는 없다.

우리 역사에서 이순신이 구국 영웅으로서의 위상을 확보하게 된 시기는 일제에 의해 식민지로 전락할 위기가 이미 깊어진 때였다. 이미 식민지화의 길에 접어든 나라를 구해낼 위인의 출현을 갈망하여 신채호(申采浩)가 「수군제1위인이순신전」을 신문에 발표하면서부터 이순신은 드디어 민족의 영웅으로 자리 잡게 되었던 것이다. 영웅으로서의 이순신의 일생은 일제 식민지시기에 이광수(李光洙)의 소설 『이순신전』 등을 통해 많은 사람들에게 알려지게 되었고 이에 따라 그의 영웅적 이미지 역시 차츰 강화될 수 있었다.

해방 후 특히 1960년대 후반부터 이순신은 호국(護國)의 사표로 부상되었으며, 그에 대한 연구는 순수한 학술적 차원을 넘어서는 과열의 양상을 보이기도 했다. 그리하여 급기야 70년대에는 영웅을 넘어 성웅(聖雄)으로 등극하기에 이르렀던 것이다. 당시에 일어난 이순신에 대한 과열된 관심은 엄밀히 따지면 이순신의 진면목에 기인한다기보다는 호국 이데올로기의 상징으로 급조된 면이 없지 않았다. 이는 당시 집권자가 부르짖던 국민총화의 전체주의적 이데올로기와도 깊은 관계가 있다. 그렇지만 그의 위대성이 그런 데에 있는 것이 아님은 물론이다.

조선왕조는 창업초기부터 고려 말의 공도정책(空島政策)을 계승함은 물론 명의 해금정책(海禁政策)을 따라 해금의 시대를 본격화하였다. 당시 동아시아의 해양은 명과 조선에 의해 철저히 외면당했다. 이런 국면에서 가장 견디기 어려웠던 나라는 섬나라 일본이었다. 해양의 차단은 일본을 국제사회에서 고립시켰고 그들의 다양한 욕구를 압살했다. 그리하여 그들은 점차 해양 침략세력으로 변해갔으니 왜구가 그것이다. 조선과 명은 무력 징벌과 함께 제한적 해양교류라는 회유를 통해서 왜구의 침탈을 통제하려 했으나 그들의 욕구를 완전히 만족시킬 수 없어 그들이 일으킨 크고 작은 도발을 감내해야 했다. 이른바 왜변이니 왜란이니 하는 것이 그것이다. 그 중 특히 임진왜란은 한때 조선왕조를 존망지추에 처하게 할 정도로 엄청난 사건이었고 여기에 명이 참전함으로써 동아시아 대전의 양상으로 확대되기에 이르렀다. 이는 일면 해금정책이 초래한 부정적인 결과였다. 이순신의 위대성은 대부분의 사람들이 해양을 방기했던 해금의 시대라는 악조건 속에서, 외롭게 연해민들을 조직하고 전함을 수축하는 일에 전념하여 성공적으로 해양을 방어해낸 과정과 성과에 있다고 말할 수 있다. 다시 말해 이순신은 조선정부가 해양을 차단하여 초래된 국가의 위기를 기적과도 같이 구해냄으로써, 우리 역사가 해금의 시대에서 해양의 시대로 나갈 수 있는 단초를 제공했다는 데 그 위대성이 있다고 할 수 있겠다.

1. 타루비
2. 오동도에 있는 거북선 모형
3. 통제이공수군대첩비 및 타루비가 자리한 고소대

15 하멜(1630~1692)

동서양의 만남의 가교

• **활동분야** 선원
• **출생지** 네덜란드 호르큄
• **주요저서** 『하멜표류기』

하멜의 생애

헨드릭 하멜(Hendrick[또는 Hendrik] Hamel, 이하 하멜)은 1630년 네덜란드의 도시 호르큄(Gorkum, Gorcum, Gorinchem)에서 아버지 드릭 하멜(Drick Hamel)과 어머니 페르하어르(G. Verhaer) 사이에서 태어났다. 20세 때인 1650년 11월 6일, 네덜란드 북부에 있는 섬 텍설(Texel)에서 포헐 스트라위스(Vogel Struijs)호에 포수로 승선함으로써 본격적인 선원 생활을 시작하였다. 1651년 7월 4일 인도네시아의 바타비아(Batavia)항에 도착하여 동인도 회사에 취직한 하멜은 스페르버르(Sperwer)호에 승선하면서 서기가 되었다.

1653년 6월 16일에 신임 대만 총독으로 임명된 코르넬리스 사에서르(Comelis Caeser)가 부임할 때 스페르버르호를 이용하게 되어 이틀 뒤인 6월 18일 바타비아에서 대만으로 떠나게 되었다. 하멜 일행은 같은 해 7월 16일 대만에 도착한 후 총독 일행을 내려주고 며칠을 그곳에서 머물렀는데, 다시 일본으로 이동하라는 총독의 명을 받고 7월 30일 대만에서 일본으로 출항하였다. 하멜 일행이 출항할 당시에는 기후가 매우 좋았으나 얼마 지나지 않아 악화되면서 배가 표류하

여수에서는 2005년 1월 31일 하멜 일행을 기리기 위해 현재 여수시 종화동 일대 해양공원에 10m 높이의 콘크리트 구조물로 하멜등대를 세웠다.

다가 제주도에 표착하게 되었다. 이후 이들은 서울로 압송되어 생활하다가 강진으로 유배되었고 이어 여수 등지에 분산 배치되어 생활한 것이 13여년의 세월이었다. 여수에서 3년 반을 생활하던 중 하멜과 그 일행 7명은 일본으로 탈출하였고, 바타비아를 거쳐 1670년에 드디어 본국으로 돌아갔다. 네덜란드로 돌아온 하멜은 이후 1692년 2월 12일 생을 마쳤다.

하멜의 조선 표착과 여수 생활 그리고 탈출

하멜과 그 일행을 태운 상선 스페르버르호는 1653년 6월 중순 바타비아를 출발하여 대만에 도착했다가 7월 30일 다시 나가사키(長崎)를 향해 출발하였다. 출발 당일은 매우 양호했던 기상이 일시에 폭풍으로 돌변하여 항로를 찾을 수 없었고 보름 동안을 표류하다가 8월 16일 제주도 대정현(大靜縣)의 관할인 서남해안가에 표착하게 되었다. 난파된 스페르버르호에는 64명의 선원이 타고 있었는데 그 중에서 36명만이 구조되었고 그들 대부분도 심한 부상을 입은 상태였다.

1

2

이들 일행은 대정현의 관계자들에 의해 인양작업과 소정의 절차를 거쳐 표착한지 5일째 되는 21일에 그곳을 떠나 제주목에 도착했다. 제주목에 도착한 일행은 제주목사의 배려로 극진한 대우를 받으며 조선어를 배우기도 했다고 한다. 이곳에 도착한지 2개월이 지날 즈음 뜻밖에 벨테브레(Jan Jansz Weltevree, 박연[朴燕]: 1595~?)를 만났다. 그는 1627년 항해 도중 제주도에 식수를 구하러 일시 상륙했다가 주민들에게 붙들린 이래 조선에 살고 있던 네덜란드인이었다. 박연은 일행에게 통역은 물론 지속적인 조언과 위안을 주는 등 관심과 배려를 아끼지 않았다.

1654년 6월 일행은 서울로 압송되었는데 2~4명의 조로 편성되어 각각 중국인들 거류지로 분산 수용되었다. 이들은 서울로 압송된 후 효종을 알현하기 위해 궁중으로 불려갔을 때 기회를 엿보아 고국으로 보내줄 것을 탄원하였으나 효종은 이를 윤허하지 않았다. 그러나 효종은 이들을 극진히 예우하고 나아가 일행 전원을 훈련도감 소속으로

1. 하멜동상
여수에서는 2007년 10월 5일 종포해양공원에서 하멜동상 제막식을 가졌다.
2. 이도빈 수사 선정비
1664년 1월 새로 부임한 이도빈(李道彬) 좌수사는 하멜 일행에게 많은 배려를 했던 것 같다.

재직케 하는 등 배려를 아끼지 않았다. 이때 일행은 박연의 통솔 하에 조선의 사회규범을 익히는 일종의 조선화 강습을 받기도 하였으며 차츰 조선 사회에 적응해 나갔다.

이렇게 조선 생활을 해나갈 즈음 일행 중 2명이 탈출을 시도하다 체포되는 사건이 일어났다. 이 사건으로 탈출 시도자 2명은 옥사하였고 이 여파가 일행의 신변까지도 위협하는 결과를 초래했다. 조정에서는 논의 끝에 결국 차후 재발 방지를 위해 전라도로 유배를 보내자고 결론을 내렸다. 이에 1656년 3월초 일행 33명은 전라도 강진에 있던 병영으로 이송되었다.

강진으로 이송된 일행은 군사훈련과 부역 등에 동원되었으며, 7년 남짓 이곳에서 생활하였다. 그러던 중 1658년부터 시작된 기근으로 인해 이곳에서 생활이 어렵게 되자 1663년 여수·순천·남원 등지로 분산배치 되었다. 이때 하멜은 일행 11명과 함께 여수 좌수영으로 배치되었다. 당시 이들을 인수한 인물은 전라좌수사 유정(俞碇)이었는데, 하멜은 그가 찬한 『표류기』에서 좌수사 유정을 매우 친절한 인물로 기록하였다.

1664년 1월에는 이도빈(李道彬)이 좌수사 직을 제수 받았는데, 그는 하멜 일행에게 많은 배려를 했던 것 같다. 하멜이 『표류기』에서 모든 사역을 면제 받았고 행동거지도 자유스러웠으며 가끔 수사의 집에 초대되어 대접도 받았다고 회고했던 데서 알 수 있다. 이 시기 하멜 일행은 인근 섬 지역 등에서 생산되는 목화를 구매하여 다른 곳에 판매하는 등 경제적 활동도 가능했던 것 같다. 하멜 일행에게 호의적이었던 이도빈 수사가 1666년 영전하여 평안도로 전근을 가면서 이들은 한때 좌절과 고통을 겪기도 했다. 이도빈 수사의 후임으로 부임한 이민발(李敏發)과 정영(鄭) 수사가 하멜 일행에게 행동(行動)의 제약과 힘든 부역을 시켰기 때문이었다. 이때 하멜 일행은 탈출에 대한 본격적인 계획을 세웠던 것 같다. 이들은 평소 친분관계가 있었던 여수 친구에게 배를 구해줄 것을 부탁했고 그 친구는 그들의 요구를 흔쾌히 받아들였다. 이러한 사실을 보면 이들이 여수에서 생활하는 동안 이곳의 생활에 어느 정도 동화되어 주민들과도 상당한 친분을 가지고 있었던 것으로 판단된다.

1666년(현종 7년) 9월 4일(음력 8월 6일) 하멜과 그의 일행 7명은 좌수영을 빠져나가 9월 6일 일본의 히라도(平戶) 부근에 도착하게 되었다. 여수에서 생활한지 무려 3년 반만의 일이었다. 일본에 도착한 하멜 일행은 그곳에서 여러 절차를 거쳤으며, 한편으로 네덜란드 상관에 조선에 생존해 있는 일행 7명을 구출해 줄 것을 요청하기도 했다. 네덜란드 상관은 즉시 일본 당국에 생존자 구출 요청을 했고 이를 받은 일본은 조선에 사신을 보내 나머지 일행을 송환해 줄 것을 요청했으며, 이러한 요청은 그대로 받아들여졌다. 하멜 일행은 구출된 일행이 도착하기 이전 1667년 10월 23일 일본을 떠나 같은 해 11월 28일 바타비아에 도착했다. 이곳에서 하멜은 업무차 잠시 체류하게 되었고 나머지 7명은 1668년 7월 20일 본국으로 귀환하였다.

한편 조선에 있었던 생존자 7명은 1668년 8월 10일 나가사키에 도착하게 되었다. 이들은 1668년 10월 27일 일본을 떠나 1669년 인도네시아의 바타비아에 도착했는데, 하멜은 그들 일행과 만나 1670년 본국으로 귀환하였다.

한국과 네덜란드, 여수와 호르큄의 매개(媒介) 하멜

하멜은 『표류기』를 통해 조선사회를 서양에 소개하였다. 하멜 일행의 조선 표착은 전통시대 여수와 호르큄과의 만남, 조선과 네덜란드의 만남, 나아가 동양과 서양의 만남이었다. 이러한 만남은 전통의 창을 관통하여 현재로 이어져 외교적 관계를 돈독하게 하는 매개 역할을 하고 있다. 그리고 이를 재료로 기념사업을 진행하거나 관광상품으로 개발하는 경우도 있다.

하멜 일행이 처음 표착했던 제주도에는 1980년 한국국제문화협회와 주한 네덜란드 대사관이 하멜기념비를 세웠으며, 최근에는 하멜표류기 역사재현사업을 추진하기로 결정하였다. 하멜 일행이 유배되었던 강진은 일찍이 하멜의 고향 호르큄시와 자매결연을 맺고 기념사업을 활발하게 진행 중이며, 병영성 복원과 함께 하멜기념관 건립을 결정하기도 했다.

여수에서는 하멜 일행을 기리기 위해 현재 여수시 종화동 일대 해양공원에 10m 높이의 콘크리트 구조물로 하멜등대를 세웠다. 이 등대는 2005년 1월 31일 처음 불을 밝힌 후 지금까지 여수 구항을 입·출항하는 선박의 길잡이 역할을 하고 있다. 또한 2007년 10월 5일 종포해양공원에서 하멜동상 제막식을 갖기도 했다. 이 때 하멜의 고향인 네덜란드 호르큄시의 시장과 시의원 등이 함께 참석하였다.

이는 네덜란드 측에서도 마찬가지이다. 주한 네덜란드 대사관은 해마다 각종 기념사업을 진행하고 있는데 예를 들면 하멜 한국 입국 350년째 되는 2003년을 하멜의 해로 정하고 각종 행사를 펼쳤다. 주요행사는 튤립축제, 네덜란드 상품전시회, 네덜란드 교육박람회, 네덜란드 현대 예술전, 스페르버르호 재현 등이다. 한편 네덜란드 영화 기획사에서는 하멜 표류 350주년을 기리기 위해 영화를 제작하기도 하였다.

이상에서 알 수 있듯이 하멜과 그 일행은 한국과 네덜란드 그리고 여수와 호르큄시의 만남이 350여년이나 이어지게 하는 역할을 하고 있으며 이들로 인해 앞으로도 이러한 관계가 지속적으로 확대 재생산되리라 생각한다.

16 김류(1814~1884)

민족자존을 궁구한 거문도의 학자

• **본관** 경주(慶州)
• **별칭** 자(字) 사량(士亮), 호(號) 귤은(橘隱)
• **활동분야** 유학자
• **출생지** 여수 삼산면 거문리 동도
• **주요작품** 「한거시회(閑居詩悔)」, 「자회(自悔)」

김류의 가계와 생애

김류는 순조 14년(1814) 현 전남 여수시 삼산면 거문리 동도 귤동에서 태어났다. 그의 집안이 거문도에 자리 잡은 것은 칠대조 호은(湖隱)이 난세를 피하여 동도(東島)에 들어오고서부터이다. 김류의 조부모는 정택(鼎宅)과 고씨이며 부모는 지권(志權)과 김씨이다. 김류는 조부모와 부모 모두 교육열이 강했던 터라 일찍부터 학업에 정진할 수 있었으며, 어려서 서도(西島)의 만회(晩悔) 김양록(金陽錄), 장흥의 남파(南坡) 이희석(李僖錫)과 추려(秋旅) 김대원(金大源) 등과 함께 수학하였다. 김류는 스스로 학문이 어느 정도에 이르렀다고 판단하고 과거를 치르려 했으나, 생각을 바꾸어 장성에서 후학을 양성 중이던 노사(蘆沙) 기정진(奇正鎭, 1798~1876)의 문하생으로 들어갔는데 이때 그의 나이 30세였다. 노사의 문하에서 수학한 끝에 학문이 일정한 경지에 오르자 고향 거문도로 돌아와 낙영재(樂英齋)를 짓고 그곳에서 후학들을 양성하는 데 매진하였다. 그는 만년에 완도 청산도에서 후학을 양성하다가 고종 24년(1884) 4월에 병을 얻어 71세를 일기로 현지에서 타계하였다. 거문도와 청산도 등의 제자들에 의하여 유림장

김류를 모신 귤은사당. 김류는 후미진 섬 거문도에서 사상가로 시인으로 교육자로 당시의 시대상황을 고뇌하면서 생을 마감하였다.

으로 굴동(현 유촌리)에 안장되었다. 김류는 진주강씨(晋州康氏) 직주(植周)의 딸에게 장가들었는데 아들이 없어 친가의 묵(默)을 계자(系者)로 삼았으며 딸은 밀성(密城) 박봉학(朴奉學)에게 출가시켰다. 그는 생전에 많은 글을 남겼는데, 시편만도 310여 편에 이른다.

김류의 사상

김류가 태어나 활동하던 시기는 그야말로 격변기로 조선의 성리학적 지배체제가 급속히 와해되어 가는 중이었다. 더욱이 밖으로부터 새로운 문물을 접하고 외세에 의한 정치·문화적인 충격을 받으면서 변화를 실감해야 하는 복잡한 시대였다. 김류가 후학을 양성하던 거문도도 이러한 시대상황을 비켜갈 수는 없었다. 주지하는 바와 같이 영국군의 거문도점령사건은 이를 단적으로 보여주는 사례라 할 수 있다.

김류는 이러한 시대상황이 도래한 것을 비판적으로 바라보면서 이를 극복하기 위한 여러 대안을 고민했을 것이다. 그가 과거를 치르려 했다가 학문에 큰 뜻을 두기 위해 포기했다고 했는데, 이는 시대상황을 바라보는 지식인의 고뇌에서 비롯되었다고 생각된다. 이러한 생각을 지닌 김류는 학문에 정진하기 위해 성리철학의 깊은 이치를 깨우친 노사 기정진의 문하생으로 들어가게 된다.

노사는 호남과 영남 지방에 걸쳐 600여명에 이른 제자와 그의 제자들이 배출한 후학들만 해도 4천여 명이나 되는 노사학단(蘆沙學團)을 거느린 큰 학자였다. 그는 순창에서 태어나 일생 동안 장성에 강학의 터를 잡고 후학들을 양성하며 성리학의 새로운 세계를 펼친 철학자요 사상가였다. 위에서 언급한 바와 같이 당시는 한 치의 앞을 내다보기 힘든 혼란의 연속이었다. 특히 조선의 통치이념으로 국가를 지탱했던 성리학의 위상이 추락하여 도덕은 해이해지고 나아가 국가의 존망조차 헤아리기가 어려운 시기였다. 이에 격분한 기정진은 당시의 폐단을 지적하고 군포와 환곡의 폐지 등을 주장한 「임술의책(壬戌擬策)」을 상소하였고, 병인양요가 일어나자 식음을 전폐하면서 두 번이나 「병인소(丙寅疏)」를 올려 서양과의 통상금지, 내부의 기강확립, 국가의 폐습 개혁 등을 주장하였다.

노사에게는 개국·개화를 반대한 척화척사(斥和斥邪)의 배타성과 난국의 극복을 성리학의 정립에서 찾고자 했던 보수적 측면이 강하였다. 그러나 동시에 민족자존의 측면도 찾아볼 수가 있는데, 이 같은 그의 사상이 한말 위정척사운동의 근저를 관류한다고 하여 지나치지 않을 것이다.

김류는 아마도 스승의 그러한 사상을 이어받은 대표적인 문하생이 아니었던가 싶다. 고종 18년(1881) 유생을 이끌고 정부의 행정개혁을 요구하는 만인소(萬人疏)를 올려 호남의 소수(疏首)라 불린 기우만(奇宇萬)도, 김류를 노사선생에게서 배운 대로 후학들을 가르쳤다고 회고하고 있어 이를 뒷받침한다. 또한 김류는 스승과 마찬가지로 성리학에 입각한 조선 사회의 개혁을 주장하였다. 노사에게 보낸 편지에서 그는 당시 사회가 어지럽게 된 원인을 공자와 정·주자(程·朱子)의 가르침이 희미해진 때문이라고 하였다. 다시 말해 당시의 모순된 사회를 극복하기 위해서는 성리학이 바로 서야 한다는 것이 그의 생각이었던 것이다. 노사의 생각과 매우 유사하다고 아니할 수가 없다.

한편 김류의 사상은 스승의 그것에 머물러 있지만도 않았다. 특히 그의 문학을 통해 보면 이것이 분명히 드러나고 있다. 19세기 유학자들의 문학관을 보면 문학이 경세(經世)에 기여하고 도(道)의 회복에 기여해야 한다는 효용론, 개성과 정서를 중시한 성정론, 중국문학의 모방을 거부하고 우리 문학의 독자성을 강조한 자주문학론 등 세 입장으로 나눌 수 있다. 이 세 가지 입장을 토대로 김류의 문학관을 보면 스승인 기정진의 문학관과는 많은 차이가 있음을 발견할 수 있다. 즉 스승인 노사의 문학이 개성과 정서를 중시한 성정론이나 중국문학의 모방을 거부하고 우리 문학의 독자성을 강조한 자주론을 강조했다면, 김류는 문학이 경세에 기여하고 도의 회복에 기여해야 한다는 효용론의 입장에 서 있었던 것으로 판단된다.

내수자강(內修自强)을 지향한 지식인 김류

김류가 태어나 활동했던 시대는 그야말로 격변기였다. 이때 그는 자신이 살았던 모순된 사회를 비판적으로 인식하면서 이러한 사회를 극복하기 위한 대처 방안을 모색하던 중 자신의 생각을 정립하기 위해 성리철학의 깊은 이치를 깨우친 노사 기정진의 문하생으로 들어가 학문에 매진하였다. 김류는 학문이 어느 정도 경지에 오르게 되자 고향 거문도로 돌아온다. 고향으로 돌아온 그는 스승의 가르침에 힘입어 궁벽한 섬의 문물을 개조하고 변화시킨 문인으로, 시대의 모순을 극복할 수 있는 사상적 대안을 제시한 사상가로, 그리고 후학을 양성한 교육자로 활동하였다. 또한 스승 노사의 학문에서 머무르지 않고 자신의 독자적 학문을 일구었으며, 끊임없는 자기성찰을 통해 달관의 삶을 살아갔다.

김류는 당시 조선이 처해있던 어려움을 극복하기 위해 많은 고민을 했던 인물이다. 비록 그가 제시한 대안에 배타성과 보수성이 없지 않았지만 이는 민족의 자존을 위한 하나의 방법이었다. 이러한 그의 사상은 내수자강(內修自强)을 지향하였다. 이는 그의 행적에서 너무나 분명하게 드러난다. 김류가 출사를 포기하고 학문에 정진하였던 것이 그것이다. 그가 고향에서 후학들을 양성하면서 수많은 글을 통해 현실의 모순을 제시하고 이를 극복하고자 노력했던 것도 이와 맥을 같이한다고 볼 수 있다.

김류는 후미진 섬 거문도에서 사상가로 시인으로 교육자로 이러한 시대상황을 고뇌하면서 생을 마감하게 되는데, 시인이자 역사가의 자세로 일관하다가 자신의 신념과 지조를 지키기 위해 순절한 황현과 비견되기도 한다. 또한 항간에서는 그를 중국 진나라 때 『서경(書經)』에 밝았던 복생(伏生)과 초나라 때 위대한 학자 진량(陣良)에 견줄 만한 인물이었다고 평가하기도 하였다.

17 김홍식(1897~1966)

항일운동에 몸 바친
전남 최초의 서양화가

- **본관** 영광(靈光)
- **별칭** 설초(雪樵)
- **활동분야** 미술(서양화)
- **출생지** 여수
- **주요작품** 「욕장(浴場)」,
  「설경」, 「여인좌상」

김홍식의 생애

김홍식은 1897년 1월 11일 현 전남 여수시 교동 234번지에서 부 김한익(金漢翼)과 모 유목임(柳穆任) 사이의 7남 4녀 중 장남으로 태어났다. 그의 집안은 증조부 때까지는 그다지 넉넉한 삶을 영위하지 못하다가 부친대에 이르러 가세가 크게 일어났다. 김홍식은 이러한 가정형편 덕분에 큰 어려움 없이 성장기를 보낼 수 있었다. 조부인 김상현(金象鉉)이 훈장이었던 관계로 어려서는 구학을 공부하였다. 특히 그의 조부는 당시 진도에서 기거하면서 그림을 그리던 소치(小癡) 허련(許鍊)과 교유하였고, 글씨는 물론 그림에도 남다른 조예를 지니고 있었다. 김홍식이 훗날 그림을 그리게 된 것도 조부의 영향이 컸을 것으로 생각된다.

김홍식은 14세 되던 해(1910) 여수보통학교(현 서초등학교)가 문을 열자 곧 입학하여 신학문을 접하게 된다. 보통학교시절부터 그림과 글씨에 남다른 재주를 보였으나 그의 조부가 이를 탐탁히 생각하지 않아 이 시기에는 화가의 꿈을 키우지 못했던 것 같다. 김홍식은 보통학교 5학년이 되자 정재진(鄭在珍)을 아내로 맞이하게 되었다. 그는

김홍식 화실. 김홍식에게는 전남 최초의 서양화가라는 수식어가 따라 붙는다. 하지만 그는 화가이기 전에 일제 강점기 민족운동을 전개했던 항일운동가였다.

보통학교를 졸업하던 1916년에 경성제일고등보통학교(현 경기고)에 입학을 하게 된다. 이 학교 4학년에 재학 중 3.1운동이 전개되자 8촌 간인 김백평과 함께 적극 이 운동에 참여하였다. 김홍식은 이 일로 인해 제적을 당했고 일제 경찰을 피해 여수로 왔다. 1922년 김홍식은 집안 어른들의 권유로 법률공부를 하기 위해 일본으로 유학을 가게 된다. 일본에 간 김홍식은 집안 어른들의 기대와는 달리 가와바다(千端)화학교에서 화가 수업을 받는데 이는 동경미술학교에 진학하기 위해서였다. 김홍식은 1923년 4월 동경미술학교에 입학하면서 본격적으로 서양화를 배우게 되었다. 김홍식의 스승은 당대 일본 서양화 발전을 이끌던 후지시마 다케시(藤島武二, 1867~1943)였는데, 그는 유럽의 후기 인상주의에서 기인한 낭만주의적 경향의 화풍을 지니고 있었고 한편 사회계몽 활동을 했던 인물이었다. 김홍식은 자연스럽게 스승의 그러한 기풍을 전수받았다고 할 수 있겠다.

1928년 동경미술학교를 졸업한 김홍식은 프랑스 유학을 꿈꾸었다. 그러나 집안의 반대로 뜻을 이루지 못하자 귀국하여 여수에 머물면서 여수청년회에 가입하여 민족운동에 앞장선다. 이로 인해 김홍식은 일

제의 요시찰 인물로 분류되어 감시를 받게 되었다. 1933년 김홍식은
조선일보 여수지국을 운영하기도 했다. 해방 이후 김홍식은 남한만의
단독정부수립에 반대하는 민족자주연맹에 뜻을 같이하기도 하였지만
한국전쟁 이후 세상사에 관심을 끊고 천성산 기슭(현 만덕동[만성리])
에 작업실을 마련하여 그곳에서 그림 그리기에 열중하던 중 우환으로
1966년 6월 10일 향년 69세의 일기로 타계했다. 슬하에 장남 요를 비
롯한 3남 3녀를 두었다.

　김홍식의 유작으로는 인물화 1점을 비롯 누드 4점, 풍경화 8점, 정
물화 5점 석고작품 1점 등이 있는데, 이 유작은 유족과 개인 소장가,
국립현대미술관, 동경예술대학 등이 소장하고 있다. 이들 작품은
1928년의 졸업 작품이 2점이고, 나머지는 대부분이 1958년 이후 여
수 천성산 기슭의 작업실에서 그렸던 것들이다.

항일 운동가 김홍식

김홍식에게는 전남 최초의 서양화가라는 수식어가 따라 붙는다. 하지만 그는 화가이기 전에 일제 강점기 민족운동을 전개했던 항일운동가였음을 간과해서는 안 된다. 김홍식의 항일운동은 경성제일고등보통학교 재학 시절부터 드러난다. 1919년 3·1독립만세운동이 전개되자 같은 학교에 재학 중이면서 8촌간인 김백평과 함께 학생들을 파고다공원으로 인솔하는 등 만세운동을 적극 주도했다. 김홍식은 이 사건으로 인해 학교에서 제적을 당하고 일경에 쫓기어 여수로 피신하게 되었으며 궐석재판까지 받게 된다. 이후 김홍식은 일본 동경으로 유학을 떠나는데 유학을 마치고 돌아온 이후에도 그의 항일운동은 계속 이어진다.

1928년 동경미술학교를 졸업하고 귀국한 김홍식은 여수에서 여수청년회 회원으로 활동하면서 항일운동에 적극적으로 참여했다. 1920년 7월 여수향교에서 여수지방청년회라는 명칭으로 조직된 이 단체는 덕성함양, 지성계발, 체육발달을 목적으로 하고 여수 주민들의 일상생활 개선과 민족의식 고취를 위하여 노력하였다. 특히 여수지방청년회에서는 노동야학을 개설하고 강연회, 강습회 등을 개최하였다. 노동야학은 이 청년회의 중점사업으로, 거문도·죽포·장천·청소년회 야학 등과 더불어 문맹퇴치 및 의식계발에 크게 기여하였다. 1922년 여수지방청년회는 김백평을 중심으로 조직된 맞돔회를 통합하면서 항일투쟁에 대한 적극적 대안을 강구하였고 명칭도 여수청년회로 개칭하였다. 여수청년회는 회원들의 적극적인 노력으로 재정적 기반이 튼튼해지면서 1931년에는 청년회관을 건립하기에 이른다. 1929년경 여수청년회는 광주~여수간(광여선) 철도공사에 앞서 남조선철도주식회사가 일본인 소유 토지에 비하여 한국인 토지를 헐값에 매입하려 하자 여수 군민들과 함께 토지보상 투쟁을 전개하기도 하였다. 이처럼 여수청년회는 여수의 청년운동 및 항일운동의 구심이자 상징으로 중요한 역할을 했으며, 김홍식은 그 중심에서 활동했던 인물이었다.

이상에서 살펴본 바와 같이 김홍식은 화가로서의 활동보다는 민족주의 항일운동가로서의 활약상이 더 드러나는데, 이는 그가 일제강점기 때 요시찰 인물로 감시를 받았다는 사실에서도 알 수 있는 것이다.

독립운동에 헌신한
파란만장한 생애

- **본관** 파평(坡平)
- **별칭** 혈녀(血女)
- **활동분야** 일제강점기 독
  립운동가
- **출생지** 여수 화양면
- **상훈과 추모** 건국포장

윤형숙의 생애

윤형숙은 1898년 현 여수시 화양면 창무리 4통 5호에서 윤치운의 3남 2녀 중 장녀로 태어났다. 순천매산학교를 거쳐 광주의 수피아여학교에 재학 중 3·1독립만세운동을 맞아 3월 10일 수피아여학교 학생들을 이끌고 만세운동을 주도하다 왼팔이 절단되었으며 이어 일경에 붙잡혀 4개월의 옥고를 치렀다. 석방된 후 원산에 있는 마루다신학교에 입학했으나 고문의 후유증으로 눈을 실명하여 학교를 중단하고 전북 고창에서 유치원 강사생활을 6년 동안 하였다. 이후 여수로 내려와 봉산학원에서 교원을 하면서 여수제일교회와 중앙교회의 전도사로 근무하던 중 해방을 맞이했다. 얼마 후 한국전쟁이 일어나자 윤형숙은 현 여수시 남면 심포리 명원일의 집에 피신 중 북한군에 잡혀 내무서원에서 투옥생활을 하게 되었는데 그가 이렇게 투옥된 것은 기독교 전도사라는 이유 때문이었다. 윤형숙은 내무서원에서 투옥생활을 하던 중 서울이 수복되던 날인 1950년 9월 28일 둔덕동 과수원(현 여수시 둔덕정수장)에서 손양원 목사와 함께 북한군의 총에 맞아 향년 52세로 별세하였다. 윤형숙은 결혼을 하지 않아 슬하에 자식이 없었던 관계로 친척과 기독교인들이

시신을 수습하여 현 여수시 소라면 관기리 산 80번지에 안치하였다가 1960년 즈음 현 여수시 화양면 창무마을 입구로 이장하였다.

윤형숙의 활동과 독립운동가 추서(追敍)

윤형숙은 1919년 3·1만세운동이 일어났을 때 광주의 수피아여학교에 재학 중이었다. 광주에서는 3월 10일 광주 장날을 기하여 독립만세운동이 일어났는데 이 때 윤형숙은 조옥희·이봉금·하영자 등과 함께 수피아여학교 학생들을 이끌고 독립만세운동을 주도하였다. 이 때 일경은 독립만세운동 참가자들에 대해 강제해산을 시도하였는데 그런 과정에서 윤형숙은 일경의 칼에 맞아 왼팔이 절단되었다. 윤형숙은 팔이 절단되었는데도 불구하고 계속적으로 독립만세운동을 주도하다가 일경에 체포되어 대구와 광주형무소에서 4개월의 옥고를 치렀다.

윤형숙은 일생을 조국의 독립운동과 후학의 교육에 힘쓰며 기독교인으로 살다간 인물이다. 그의 이 같은 삶을 추서하기 위해 1961년 윤

순교자 윤형숙 전도사 무덤. 윤형숙은 광주의 수피아여학교에 재학 중 3·1독립만세운동을 맞아 3월 10일 수피아여학교 학생들을 이끌고 만세운동을 주도하다 왼팔이 절단되었으며 일경에 붙잡혀 4개월의 옥고를 치렀다.

형숙의 조카인 고향 문중의 윤병규 등이 공적조서를 제출했으나 자료 불충분으로 인해 반려되고 말았다. 이후 1963년 김현철 내각수반으로부터 독립운동에 대한 활동을 인정받아 표창장을 받기는 했으나 독립운동가로 추서되지는 못했다.

1982년 5공화국이 들어서자 윤병규가 자료를 보완해 재차 독립운동가 추서를 위해 공적조서를 제출했으나 추서되지 못했다. 1999년에는 윤형숙의 항일운동활동에 대한 내용을 『화양면지(華陽面誌)』에 수록하였으며, 그해 국회의원을 비롯한 시장 및 각 단체의 장과 주민들이 윤형숙의 묘에서 추모식을 거행하였다. 2003년 3월 1일에도 여수시가 주최하고 (사)여수지역사회연구소가 주관하여 윤형숙의 묘소에서 추모식이 이루어졌다. 그러다가 2004년에 윤형숙의 친척과 여수시의 협조로 윤형숙의 공적조서를 보완하여 다시 독립운동가로 추서해줄 것을 신청하였으며, 마침내 국가보훈처에 의해 독립운동가로 추서되어 건국포장을 받게 되었다.

순교자 윤형숙 전도사의 묘비. 윤형숙은 2004년 독립운동가로 추서되어 건국포장을 받았다.

강봉룡, 「한국의 해양영웅 장보고와 이순신의 비교 연구」, 『지방사와 지방문화』 5권 1호, 2002.

김　류, 『국역귤은재문집』, 광주일보출판국, 1984.

김옥조, 「화맥―호남최초 서양화가 김홍식」, 『광주매일』, 1995. 11. 10, 17, 24.

＿＿＿＿, 『전남지역 양화의 선구자 김홍식에 관한 연구』, 전남대학교 대학원 미술학과 석사학위논문, 2000.

김준옥, 「귤은 김류의 문학적 기반과 시의 양상」, 『고시가연구』 16, 2001.

독립운동사편찬위원회 편, 『독립운동사』 9, 독립유공자사업기금운용위원회, 1970.

변동명, 「고려시기 순천의 산신성황신」, 『역사학보』 174, 2002.

＿＿＿＿, 「김총의 성황신 추앙과 여수·순천」, 『전남사학』 22, 2004.

신호철, 『후백제 견훤정권연구』, 일조각, 1997.

여수시·여수지역사회연구소, 『독립운동가 윤자환·윤형숙의사 추모식 자료집』, 2003.

＿＿＿＿, 『여수의 향기 아름다움이 여기에』, 2007.

＿＿＿＿, 『여수학』, 2008.

여수시·조선대학교 박물관, 『여수시의 문화유적』, 2000.

여수항일운동사편찬위원회 편, 『여수항일운동사』, 전라남도여수시·여수지역발전협의회, 2006.

오종록, 「중·고등학교 국사 교과서 이순신 관련 서술의 문제점과 제언」, 『한국사학보』 16, 2004.

이민웅, 『임진왜란 해전사』, 청어람미디어, 2006.

이은상 역, 『완역 이충무공전서 상·하』, 성문각, 1960.

정두희, 「이순신(李舜臣)―개인의 아픔을 넘어 나라를 위기에서 구한 장군」, 『한국사시민강좌』 30, 2002.

정청주, 「신라말 고려초 순천의 지방세력」, 『순천시사 정치사회편』 큰기획, 1997.

지명숙, 「하멜 일행의 한국 체류, 적응 및 이해」, 『동방학지』 122, 2003.

최영희, 「이순신 / 이순신민족구원의 성웅」, 『한국의 인간상』 2, 신구문화사, 1965.

한국근현대사연구회 엮음, 『한국독립운동사강의』, 한울 아카데미, 1999.

홍영기, 「황현」, 『한국사시민강좌』 41, 2007.

문화재

다채로운 신석기시대의 생활사

- **소재지** 여수 돌산읍 군
  내리 답 823·824 일대
- **시기** 신석기시대

여수 지역 패총 개요

송토 패총 유적은 돌산읍 소재지인 군내리의 앞 작은 섬의 북쪽 면에 위치하며, 1986년도에 세상에 알려졌다. 이 유적은 전남 서남해안 지역과 경남 남해안 지역을 잇는 신석기시대의 지역적, 문화적 공백을 메울 수 있는 중요한 유적으로 판단되었다. 따라서 국립광주박물관에서 1989년과 1990년에 걸쳐서 발굴조사를 실시하여 많은 정보를 얻게 되었다.

신석기시대는 이전의 구석기시대가 식량채집 단계인 점과 비교해 볼 때 식량 생산을 시작하였다는 점에서 가히 혁명적이며, 그래서 정착생활을 할 수 있었고, 토기라는 새로운 요리·저장수단을 발견하여 활용하게 되었다. 이 시기 대표적인 유적은 조개더미(貝塚)이다. 패총은 조개를 먹고 버린 조개껍질이 쌓여 형성된 유적으로 생활상을 알 수 있는 각종 자료가 포함되어 있어 당시의 문화상을 파악할 수 있는 중요한 자료를 제공하고 있다.

여수의 조개더미 유적은 돌산읍 송도패총을 비롯해서 약 30여 곳에 분포하고 있는데 대부분 섬 지역에 위치하고 있다. 이 유적들 가운

데 송도 패총과 안도 패총이 국립광주박물관에 의해서 발굴조사되었
으며, 거문도 서도리 장촌 패총 등은 간단한 조사가 이루어져 문화양
상을 어느 정도 파악할 수 있다.

송도 패총 출토 유물

송도 패총 유적은 4개의 퇴적 층위로 이루어졌으며 가장 아래층에
서는 융기문토기와 무문양토기, 가운데 층위에서는 융기문토기와 함
께 압인문토기·주칠토기가 출토되었다. 다른 2개의 층위는 교란되었
으나 침선문토기·점열문토기·이중구연토기가 출토되었다. 이 유적에
서는 남해안에서 처음으로 집자리(住居址) 2기가 발견되어 정착생활의
확실한 증거가 제시되었다. 이 집자리는 패각층 위에 진흙을 다져 만
든 것으로 2기가 겹쳐진 상태로 발견되었으며, 둥근 화덕을 갖춘 원형
또는 타원형 평면의 집자리로 추정되었다. 화덕은 2기 모두 냇돌이나
깬돌을 둥글게 돌려 만들었다. 집자리의 규모는 확실하지 않지만 화덕
자리를 기준으로 추정할 때 지름 460cm(1호), 540cm(2호) 정도로 비

교적 큰 편에 속한다. 신석기시대의 집자리 유구는 서울 암사동 유적, 강원도 양양 오산리 유적 등에서도 발견되었는데 그 수는 많지 않다.

또한 송도 패총에서는 고기잡이와 관련된 유물들이 출토되어 당시 어로생활 일부를 복원해 볼 수 있다. 이음낚시의 몸돌과 낚시바늘, 그리고 토제그물추 등 4점이 그것이다. 낚시바늘은 사슴뼈를 갈아 만들었고 이음낚시 몸돌은 혈암제의 석제이다. 일본의 낚시 몸돌이 뼈나 뿔을 재료로 선택하고 있는 점과 다르나 당시 두 나라는 모두 이음낚시를 사용하고 있다는 공통점을 보이고 있다. 그러므로 송도 패총에서 이음낚시가 출토되었다는 점은 신석기시대 문화전파와 교류에 있어서 중요한 단서가 되고 있다. 지금까지 신석기시대의 어로문화는 시베리아의 바이칼 지방에서 연해주를 거쳐 우리나라 동해안에 유입되어 남해안 일대에 확산되고 다시 일본 구주로 전파된 것으로 추정하고 있다.

송도 패총에서 출토된 석기는 그 형태와 용도, 석질의 종류 등에 있어서 다양하다. 그 수량은 100여 점에 달하며, 아래층에서 찍개, 도

1. 송도 패총 발굴지
2. 송도에서 출토된 덧무늬토기
3. 송도에서 출토된 조개껍질
송토 패총 유적은 출토 유물과 방사성탄소연대 측정 결과를 볼 때 신석기시대 전기부터 후기까지 오랫동안에 걸쳐서 형성된 유적으로 추정되고 있다.

끼, 돌날 등이 출토되었고, 위층에서 숫돌, 갈돌, 사냥돌 등 여러 가지 용도의 연모들이 발견되었다. 이 가운데 갈돌, 갈판류, 격지, 돌날류의 석기들이 많았는데 이들의 용도는 식용으로 쓰기 위해 채집된 동·식물, 어패류의 가공, 조리 등에 주로 사용된 것으로 추정해 볼 수 있다. 따라서 초기에는 수렵과 어로 등 채집에 더 크게 의존하는 생활 양상을 엿볼 수 있으며, 돌삽과 곰배괭이의 출토는 늦은 시기에 원시적인 농경도 보급되었으리라고 추정하게 한다.

그리고 많지는 않지만 뼈연모와 꾸미개가 출토되었다. 뼈연모는 당시 중요한 사냥감으로 추정되는 사슴이나 멧돼지 등의 뼈나 뿔로 만든 것이다. 뼈살촉은 둥근 모양의 사냥돌과 함께 짐승사냥의 확실한 자료이다. 꾸미개는 소라의 중심을 갈아서 만든 나선상의 유물과 조개껍질을 정교하게 갈아 만든 조가비 팔찌(貝釧) 등이 있는데 당시 생활문화의 한 단면을 이해하는데 귀중한 자료이다.

출토 유물과 문화교류

이곳에서 출토된 융기문토기는 조합식어구와 함께 우리나라 동·남해안지방 있어서 신석기문화의 특징적인 문화요소이며, 흑요석 석재들도 주변지역과의 문화 교류 및 전파내용을 알 수 있게 하는 중요한 자료이다. 송토 패총 유적은 출토 유물과 방사성탄소연대 측정 결과를 볼 때 신석기시대 전기부터 후기까지 오랫동안에 걸쳐서 형성된 유적으로 추정되고 있다.

그 밖의 여수 패총

그 밖에 여수 지역에서는 안도와 거문도 패총이 조사되었다.

안도 패총은 금오도~안도 간의 연도교 가설공사로 인하여 발굴조사를 실시하였는데, 조사지역은 여수시 남면 안도리 1,313번지 일대이며, 조사면적은 2,950㎡이다. 조사된 유구는 무덤 2기, 불땐자리 7기, 수혈유구 7기 등이다. 무덤은 얕은 구덩이를 파고 시신을 넣은 뒤 패각이 섞인 흙으로 덮은 토장묘(土葬墓)로 토광 내에 2구의 시신이 나란히 묻혀 있었다. 이러한 사례는 아직 보고된 바가 없으며, 신석기시대 매장풍습의 특이한 모습을 보여주고 있다. 그리고 서쪽 인골의 팔목과 가슴 부위에서 조가비 팔찌가 착장된 채로 출토되어 매장 당시 패용되었다는 사실을 알 수 있다. 여러 곳의 불 땐 자리는 어로가 주된 생활수단이었던 당시 사람들이 해안가에서 공동으로 음식을 조리하거나 문화생활을 하였다는 점을 보여 주고 있으며, 수혈유구는 신석기시대 생활 시설물의 자료로 보인다.

거문도 패총은 서도리 장촌 마을 박철현 씨 밭에 위치하고 있다. 패각층의 두께는 110cm이며, 층위는 크게 4층으로 구별되고 있다. 이 패총에서는 융기문토기, 압인문토기, 구순각묵문토기, 패각조흔문 토기 등이 확인되었고, 결합식낚시 1점과 고정식작살 1점이 출토되었 다. 이곳에서 출토된 토기의 양상으로 볼 때 거문도 패총은 신석기 시 대 이른 시기부터 형성되기 시작하여 중기까지 계속해서 사용된 것으 로 추정된다.

1. 송도에서 출토된 흙구슬
2. 송도, 안도 패총발굴지 에서 출토된 흑요석
3. 송도, 안도 패총발굴지 에서 출토된 뼈화살촉과 뼈연모

여수의 고인돌과
　　　청동기시대의 해양교류

• **소재지** 여수 적량동
• **시기** 청동기시대

여수 지역 청동기 유적과 고인돌

　여수시의 청동기시대 유적은 고인돌(支石墓)과 집자리가 주를 이루고 있다. 여수시 고인돌은 1,700기 이상 분포하고 있는 것으로 알려져 있다. 그 가운데 구 삼일면(39개 군 365기), 율촌면(30개 군 340기), 화양면(31개 군 334기) 등에 밀집하게 분포되어 있다.

　고인돌은 청동기시대의 대표적인 무덤이다. 여수의 고인돌은 1975년 둔덕동과 미평동 고인돌이 학계에 보고되면서 처음으로 알려졌으며, 1988년 봉계동 고인돌이 발굴되면서부터 그 성격이 밝혀지게 되었다.

　여수시의 고인돌 가운데 발굴조사가 이루어진 대표적인 곳은 적량동 고인돌을 중심으로 봉계동 대곡과 월앙 고인돌(14기), 평여동 산본 고인돌(29기), 오림동 고인돌(17기), 월내동 고인돌(35기), 돌산 세구지 고인돌(3기), 미평동 양지와 죽림 고인돌(13기), 화장동 대통·약물고개·화산 고인돌(62기), 화양면 화동리 안골 지석묘(63기의 석곽 조사) 등이다.

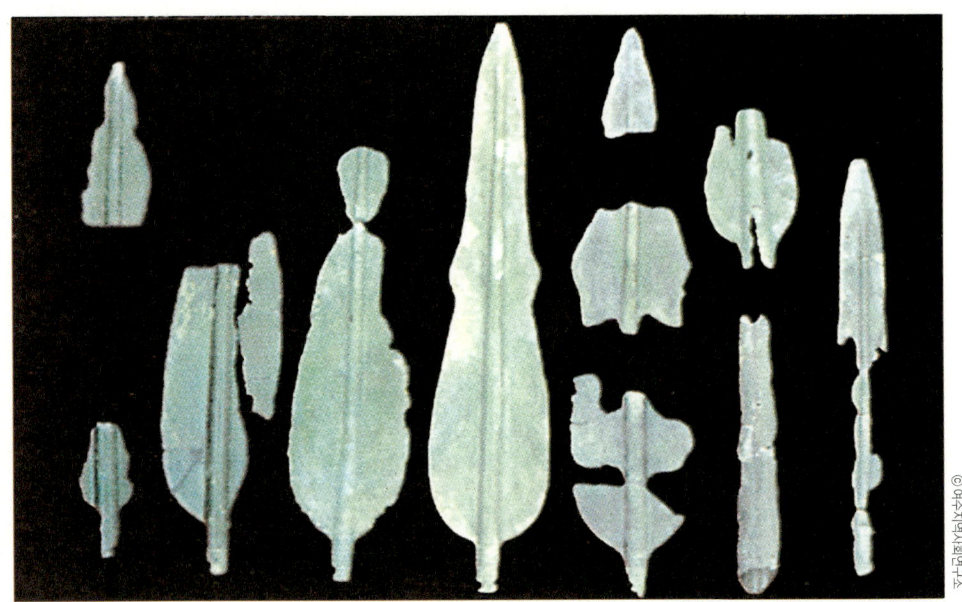

적량동 고인돌에서 출토된 비파형동검. 비파형동검은 청동기시대의 전기를 대표하는 유물이며, 중국의 동북지역인 요령성(遼寧省) 일대에서 주로 발견되어 요령식동검이라고도 한다.

적량동 고인돌의 발굴과 의의

적량동 고인돌은 전남대학교 박물관에서 발굴조사한 유적으로 우리나라 고인돌 가운데 비파형 동검이 가장 많이 발견된 유적으로 유명하다. 이 고인돌 유적에서 7점의 비파형동검이 출토되었는데, 동검은 당시 지위와 권위를 상징하는 최고의 유물로 평가되고 있다. 비파형동검은 청동기시대의 전기를 대표하는 유물이며, 중국의 동북지역인 요령성(遼寧省) 일대에서 주로 발견되어 요령식동검이라고도 한다. 이 동검은 그 형태가 현악기의 하나인 비파(琵琶)와 비슷하여 '비파형동검'이란 이름이 붙여졌다. 이 동검의 특징은 날이 있는 부분이 S자형으로 휘어져 있고, 칼몸과 손잡이 그리고 손잡이 끝에 달리는 칼자루 끝장식(검파두식)이 각기 따로 제작되어, 이들을 결합하여 사용하게끔 되어 있는 조립식 동검이라는 점이다. 이 동검이 유입되면서부터 우리나라 청동기문화가 본격적으로 시작되었다. 현재 약 60여점이 함경도를 제외하고 전국에서 발견되고 있는데, 이 가운데 여수 지역에서 12점이 발견되어 가장 밀집된 분포권을 형성하고 있어 해양문화교류의 한 단면을 엿볼 수 있다. 적량동 고인돌 출토유물은 비파형동검을

비롯하여 비파형동모 1점, 석검 3점, 관옥 5점, 유구석부 2점, 석촉 4점, 방추차 1점, 옥 연마석 1점 이외에 무문토기편과 홍도편 등이다.

거북공원 내에 있는 적량동 고인돌. 우리나라 고인돌 가운데 비파형 동검이 가장 많이 발견된 유적으로 유명하다.

기타 고인돌 유적

평여동 산본 고인돌은 3개의 군집을 이루고 있으며, 다군 2호와 3호에서 많은 양의 옥이 출토되었다. 옥은 환옥 2점, 곡옥 2점, 관옥 166점, 소옥 255점 등 무려 425점에 달해 우리나라의 고인돌 가운데서 가장 많은 출토지를 기록하고 있다. 이 옥들은 목걸이와 귀고리에 사용되었고, 옷에 장식했던 것으로 보인다. 마한(馬韓)에 대한 기록 가운데 "마한인은 금·은보다 옥을 더 귀히 여기고, 이를 귀나 목에 걸거나 옷에 장식하기도 하였다"라는 기록이 있다. 이런 전통은 이미 고인돌 사회에서부터 비롯된 것으로 이해할 수 있다.

월내동 고인돌은 35기를 조사하였는데 그 가운데 26기의 석곽이 확인되었다. 석기류(석검, 석촉, 석부, 석착, 석도, 지석 등)와 토기류 등 많은 유물이 출토되었으며, 특히 무문토기편에서 볍씨자국이 발견되어 여수 지역에 청동기시대부터 이미 농경(農耕)이 행하여지고 있었다는 사실을 알려 주었다.

오림동 고인돌은 진남체육공원을 만들면서 1989년 전남대학교 박물관에서 발굴조사한 유적이다. 고인돌은 조그마한 분지형 계곡평지에 11기가 분포하고 있었다. 조사결과 17기의 무덤방이 발견되었고, 출토유물은 비파형동검, 석검, 석촉, 유구석부, 석착, 옥, 무문토기와 홍도편 등이다. 여기에서 가장 주목되는 것은 5호 고인돌의 상석 측면에 석검과 인물상 등을 조각한 암각화이다. 전남 지방의 유일한 선사시대 암각화로 당시의 한 사상적인 단면을 보여주고 있어 매우 중요하다. 암각면의 중심에 자루가 달린 석검과 인물상 2인이 있고 그 주변에 여러 종류의 물상들이 음각되어 있다. 석검은 크게 표현되어 있고 인물상은 석검의 1/3정도 크기로 묘사하면서 석검을 향해 있는 점으로 미루어 보아 석검을 가진 사람이나 그 집단 혹은 석검 자체에 대한 어떤 숭배의식이 있었던 것을 암시한다. 오림동 고인돌(도기념물 제150호, 1994년 1월 31일 지정)은 화장동에 있는 여수선사유적공원으로 이동하여 놓았다.

화양면 화동리 안골 고인돌은 경지정리를 하기 위하여 발굴조사를 하였는데 불과 6기의 고인돌 상석만 논두렁 주변에 걸쳐 있었다. 발굴조사 결과 63기의 묘실이 조사되어 현재까지 여수 지역에서 단일지역에 가장 밀집된 분포 양상을 보여주고 있다. 안골 고인돌의 특징은 원형집석유구(圓形集石遺構 : 묘실을 긴 사각형으로 만들고 그 주위를 원형으로 구획하고 묘실과 원형 구획석 안에 돌을 깔아 놓은 모양)를 중심으로 다른 묘실들이 인접해서 만들어지고 있다는 점이다. 3기의 원형집석유구를 중심으로 많은 묘실이 인접되어 있다는 점은 당시 안골 고인돌 사회가 다분히 혈연관계를 중심으로 생활을 영위하였고 무덤도 역시 그것을 반영하여 축조하였다는 것을 말해 주고 있다. 여기서 출토된 유물은 석검, 석촉, 석도, 석착, 석부, 지석 등의 석기류, 무문토기와 홍도 등의 토기류, 어망추와 옥 등이다. 이 유적은 청동기시대 후기에 조성된 것으로 추정되고 있다.

선사시대 역사 교육의 장

• **소재지** 여수 화장동 945 일원
• **시기** 청동기시대~조선 시대

선사유적공원 조성의 경위

여수국가산업단지에는 화학 관련 공장들이 많다. 그래서 그 주변 마을에 살고 있던 사람들을 이주시키려고 하였는데 그 대상지역이 화장동이었다. 구 여천시에서는 1995년 순천대학교 박물관에 화장동 일대에 대한 지표조사를 의뢰하였으며, 조사한 결과 고인돌과 유물산포지가 많이 발견되었다. 택지조성공사를 시행하기 전에 순천대학교 박물관의 주관 아래 목포대학교와 성균관대학교 박물관에서 발굴조사를 실시하여 많은 유적들을 조사하였다.

1차 발굴조사는 위의 3개 기관에서 1996년 7월 19일부터 11월 10일까지 실시하였으며, 순천대와 성균관대 조사지역에서 주거지 유적이 대단위로 발견되어 2000년 3월 2일부터 6월 29일까지 2차 발굴조사를 실시하였다.

발굴조사 결과, 순천대 박물관은 고인돌 53기, 석곽묘 6기, 청동기시대~삼국시대 주거지 88기, 통일신라시대 와요지 2기, 조선시대 민묘 8기, 구상유구 2기, 수혈유구 3기 등 162기의 유구를 확인하였다. 목포대 박물관은 상석을 갖춘 묘실 6기와 상석을 갖추지 않은 묘실 12기 등

화장동 선사유적공원. 공원 내에 자리 잡고 있던 고인돌은 대통마을 고인돌 27기, 대통 고개 고인돌 3기, 약물고개 고인돌 등이다.

모두 19기의 고인돌을 조사하였다. 성균관대 박물관은 고인돌 1기, 석곽묘 5기, 철기시대 주거지 26기, 수혈 유구 2기 등을 조사하였다.

이와 같은 고고학 성과 때문에 화장동 유적을 보존하자는 의견이 많이 제기되자 행정당국에서는 이 일대를 선사유적공원으로 조성하게 되었으며, 공원 이름을 '여수 선사유적공원'으로 지칭하게 되었다. 여수 지역에서 발굴된 문화유적의 보전·전시로 우리 옛 문화를 재조명하고 선사시대부터 삼국시대까지 역사 흐름의 교육장으로 이용하면서 귀중한 역사문화자원을 관광자원으로 활용하고자 조성하게 된 것이다.

선사유적공원 현황

이곳에서 발굴조사된 주거지 56기, 와요지 2기를 복원하기로 추진하여 많은 주거지와 와요지 등을 복원하고, 고인돌은 원상대로 복구하였으며, 여수 지역에서 발굴된 고인돌 유적 몇 곳(오림동 고인돌 상석

화장동 선사유적공원.
1. 가축 울타리
2. 고상가옥
3. 망루
4. 목책

6기와 석실 3기, 둔덕동 용수 고인돌 12기, 화양면 소장리 고인돌 상석 3기와 석실 3기, 소라면 복산리 마산 고인돌 5기, 율촌면 산수리 봉두 고인돌 2기)을 이곳으로 이전 복원하여 선사유적공원을 조성하였다. 공원에는 망루, 울타리, 제장(祭場), 고상가옥 등도 복원하여 놓았다.

여수 선사유적공원은 면적 85,114㎡(25,747평)이며, 총사업비 4,521백만 원을 들여서 2001년 11월 15일부터 공사를 시작하여 일차로 2005년 12월 31일에 준공하기에 이르렀다.

공원 내에 자리 잡고 있던 고인돌은 대통마을 고인돌 27기, 대통고개 고인돌 3기, 약물고개 고인돌 등이다.

대통 마을 고인돌은 저평한 구릉의 경사면에 북동–남서 방향으로 열을 지어 27기가 분포되어 있었다. 고인돌 형식은 상석의 하부에 고임돌(支石)이 없는 개석식(蓋石式)에 속한다. 대부분 이동되었거나 고인돌 상석이 파괴되어 묘실만 확인된 고인돌들이 더 많았다. 이 가운데 3호 고인돌은 한 묘역 안에 4기의 돌덧널(묘실)이 배치되어 당시 혈연관계의 일면을 엿볼 수 있게 하였다. 출토유물은 비파형동검 1

1. 선사유적공원 전경
2. 철기시대 주거지 복원
3. 철기시대 주거지 복원
4. 통일신라시대 기와가마 복원

점, 관옥 15점, 소옥 1점, 유구석부 1점, 마제석촉 3점, 토제 어망추, 무문토기편 등이다. 이와 같은 유물상으로 볼 때 화장동 고인돌은 비파형동검 문화를 배경으로 한 집단에 의해 축조된 것으로 추정되며, 중국의 요령지방과 밀접한 관련이 있었던 것으로 보인다.

순천대학교 박물관에서 조사한 철기시대 주거지들은 평면 형태에 따라 분류하게 되면 방형계 25기, 원형계 27기(원형 7기, 타원형 20기), 부정형 1기 등이다. 주거지의 평면 형태는 시기와 지역차를 잘 나타내주는 속성을 가지고 있다.

전남지방의 철기시대 주거지 평면 형태는 원형계와 방형계가 주를 이루고 있다. 타원형을 포함한 원형계 주거지가 10% 미만인데 비해, 방형계 주거지는 86% 가량으로 높은 점유율을 보이고 있다. 이러한 경향은 방형계가 90% 이상을 차지하고 있는 전남 서부지역과는 부합한다. 그렇지만 전남 동부지역은 방형계 75%, 원형계 15%로 원형계가 서부지역보다 많이 분포하고 있어 동부와 서부지역의 철기시대 문화 차이가 엿보이고 있다. 뿐만 아니라 동부지역의 내륙인 보성강 유역에서 방형계 주거지 평면 형태가 80% 이상을 차지하고 있다. 이러한 양상과 다른 곳이 바로 여수 지역이다. 원형계 주거지가 50% 이상을 차지하고 있기 때문이다. 같은 전남 동부지역이라도 내륙과 남해안의 문화양상이 뚜렷하게 다르게 나타나고 있다. 이와 같이 방형계보다 원형계가 더 많다는 사실은 해안과 가까운 자연환경 때문으로 보이지만 다른 요인도 있을 것이다.

현재 여수 지역에서 발굴조사된 고인돌 가운데 선사유적공원으로 이전하여 복원한 유적은 다음과 같다.

둔덕동 용수 고인돌은 본래 둔덕동 산 31-6번지 일대의 도로변에 위치하고 있었다. 둔덕~낙포간 도로 확·포장공사로 인해 고인돌이 훼손될 위기에 처하게 되어 조사하게 되었다. 22기의 고인돌을 대상으로 발굴조사를 실시하였는데 그 가운데 12기만이 고인돌로 판명되어 12기의 고인돌만 이전하였다.

화양면 소장리 고인돌은 경지정리 지구의 토목공사 때문에 조사한 유적으로 고인돌 상석 3기만 있었는데 조사한 결과 석실 12기가 나왔다. 출토유물은 마제석검 1점과 무문토기편 등이다.

소라면 복산리 마산 고인돌은 도로공사 때문에 조사되었다. 5기의 고인돌을 조사하였는데 3기의 묘실만 확인되었고, 돌칼 2점이 출토되었다. 율촌면 산수리 봉두 고인돌 역시 도로공사 때문에 2기에 대한 조사를 실시하였는데 이동되어 아무런 흔적도 확인할 수 없었다.

백제시대 협축식 산성

• **소재지** 여수 둔덕동 산 176·177, 문수동 산 35, 미평동 115
• **종목** 문화재자료 제204호
• **시대** 백제시대

여수의 성곽과 고락산성

관방유적으로 분류되는 성곽은 여수시에 24개 정도가 있는 것으로 알려져 있다. 그 가운데 백제시기에 축성된 것은 고락산성을 비롯해서 척산산성, 선원동산성, 월암산성 등 4개 정도이다.

고락산성은 해발 335m의 고락산정과 고락산의 동쪽에 있는 해발 200.9m의 봉우리를 둘러싸고 있다. 낮은 봉우리에 위치한 성은 높은 봉우리에 위치하고 있는 보루보다 성의 규모와 내부면적이 훨씬 크고, 축성기법도 정교하다. 이러한 상황으로 보아 적군을 방어하기 위한 주둔지는 낮은 봉우리에 위치하고 있는 성으로 판단된다. 또 높은 봉우리에 위치하고 있는 보루는 많은 군사가 상주하기에는 부적합하여 침입해 오는 적의 동태를 조망하는 보조적인 성격을 가졌을 것으로 판단된다. 따라서 낮은 봉우리에 위치하고 있는 성을 본성(本城), 높은 봉우리에 위치하고 있는 성을 보루(堡壘)로 부르고자 한다. 평면형태는 본성이 장타원형, 보루는 원형이나 남쪽이 약간 잘록하다.

1. 고락산성 성벽
2. 고락산성 발굴조사 후 항공촬영 모습
3. 발굴조사 후 성벽
4. 발굴조사 전 성벽
5. 고락산성 북문지
축성법은 모든 구간이 협축식으로 되어 있다. 백제산성 가운데 석성의 경우 편축식이 많고 다만 문지 부분에 협축식이 이용되고 있는 점과는 아주 다른 모습이다.

고락산성의 유적 현황

고락산성의 본성과 보루에 대한 3차례의 발굴조사를 통해 성벽을 비롯하여 문지 3곳, 집수정 5곳(석축 집수정 2개소, 순수점토 집수정 3개소), 구상유구 1개소, 저장공 1곳, 삼국시대 건물지 11동, 철기시대 주거지 8기 등 다양한 유구가 조사되어 고락산성에 대한 전체적인 양상을 살필 수 있게 되었다.

고락산성은 높은 봉우리에 보루를, 상대적으로 낮은 봉우리에 본성을 갖춘 복합성으로 그 예가 매우 드문 형태를 하고 있다. 각각의 성은 산정부의 일정한 공간을 둘러싸고 있는 테뫼식 석성이다. 본성의 정상부에서 보면 서쪽에 고락산 정상이 있고, 북쪽에 호랑산성, 북에서 동으로 약 45° 방향에 봉화산 봉수대가 있으며, 남에서 동으로 약 30° 방향에 돌산 월암산에 있는 월암산성이 보인다. 보루의 정상부에서 보면 북쪽 가까이에 호랑산성이, 북서쪽 멀리에 순천 검단산성과 왜성이 있으며, 서쪽으로는 소라면을 비롯한 순천만이 있다. 북동쪽으로는 천성산과 봉화산이, 바로 동쪽에는 척산산성이, 남동쪽으로는 오동도와 돌산대교를 비롯한 해안이 있다. 이처럼 보루에서는 상대적으로 낮은 봉우리에 위치하고 있는 본성에서 조망할 수 없는 해안지역과 해안지역에서 내륙으로 연결되는 육로를 관찰할 수 있는 좋은 조건을 갖추고 있다.

고락산성의 본성은 그 둘레가 354m로 전남 동부지역 백제산성 가운데 비교적 소형에 속한다. 또 고락산의 정상(해발 335m)에 있는 보루는 둘레가 100m로 광양 신아리 보루와 유사하다.

축성법은 모든 구간이 협축식으로 되어 있다. 백제산성 가운데 석성의 경우 편축식이 많고 다만 문지 부분에 협축식이 이용되고 있는 점과는 아주 다른 모습이다. 체성은 석비레층이나 암반층에서부터 올라가는데 이 위에서 바로 쌓거나 점토나 잔자갈을 섞어서 다진 후에 성석(城石)을 올려놓고 있다. 외벽은 거의 수직으로 올라가며 고구려나 신라의 산성처럼 기단보축을 돌로 하지는 않았지만 전 구간에 걸쳐 점토나 석비레를 이용하여 보축을 하였다. 이 기능은 성벽의 최하단에 기단을 두지 않아 성벽이 무너지는 것을 방지하기 위한 것이며, 이 부분의 성돌은 거의 할석을 이용하고 있기 때문에 아주 조잡하게

1. 고락산성 보루
2. 보루 우물
3. 성축 집수정
4. 출토된 철재유물
5. 출토된 토기

고락산성 출토 유물은 대체로 6세기 중엽 이후로 볼 수 있다.

보인다.

    산성의 규모가 소형에 속하여 본성의 문지는 3곳에만 있었고 능선이나 계곡 부분을 약간 피하여 위치하고 있다. 서문은 3차례에 걸쳐 개보수를 하였는데 마지막 3차는 성문을 완전히 폐쇄하여 현문식으로 이용하였던 것으로 보인다. 성곽 내부에서 석축의 원형 집수정이 2개, 점토만을 이용한 장방형 집수정이 3개 등 모두 5개의 집수정이 조사되었다. 수원(水源) 확보에 많은 노력을 하였다는 것을 알 수 있다.

고락산성 원경과 성문 터. 고락산성은 해발 335m의 고락산정과 고락산의 동쪽에 있는 해발 200.9m의 봉우리를 둘러싸고 있다.

고락산성은 백제 산성

출토유물 가운데 편년 자료로 활용해 볼 수 있는 것으로 마구류와 토기류가 있는데 모두 백제시기의 유물들이다. 마구류로는 재갈과 행엽이 있는데, 대체로 6세기 중엽경부터 보인 양식을 취하고 있다. 토기류는 호(壺), 고배(高杯), 개배(蓋杯), 삼족토기(三足土器), 기대(器臺) 등 다양하다. 이 토기류의 속성은 백제와 가야계가 섞인 양상을 띠고 있으나 가야계토기는 아주 소량이다. 호는 단경호가 대부분이다. 저부는 평저이고 동체부는 구형과 유견형이 함께 나타나며, 구연부는 외반하고 침선이나 홈을 돌려 凹면을 형성하고 있다. 이러한 호는 백제토기 가운데 비교적 늦은 시기에 해당하는 것들이다. 개는 꼭지의 유무와 관계없이 상면이 평평한 형식들이어서 7세기를 전후한 시기에 유행한 형식으로 볼 수 있다. 고배와 장경호 편들도 이와 비슷한 양상을 보여주고 있다. 그리고 73점의 인장와(印章瓦)가 출토되었는데 모두 백제시기의 기와들이다. 인장의 형태는 사각형, 원형, 삼각형, 마름모꼴 등이며, 인장 내에 문자는 없고 문양만 있어서 기와를 만든 와장(瓦匠)을 상징하는 표시가 아닌가 여겨진다.

그러므로 고락산성 출토 유물은 대체로 6세기 중엽 이후로 볼 수 있다. 이러한 유물상의 편년은 이 산성의 주 사용 시기를 뜻한다. 따라서 고락산성의 사용 시기는 6세기 중엽경부터 백제멸망까지로 볼 수 있을 것이다.

우리나라 대표적인 평지성

• **소재지** 여수 여천동 868 일원
• **종목** 전라남도 기념물 제106호
• **시대** 조선시대

여수 석보(석창성)와 목책도니성

여수의 입구에 해당하는 소위 '석창사거리'의 남서쪽에 위치한 석창성지는 충남 해미읍성과 함께 우리나라 평지성의 대표적 성격을 띠고 있다. 평면 형태는 사각형이며, 성벽의 한 변의 길이가 170m에 달해 전체적인 길이는 680m 정도 된다.

돌로 만든 조그마한 방어용 성이란 뜻의 석보가 여수에 있었다는 기록은 『신증동국여지승람』을 비롯해서 『동국여지지』와 『여지도서』 등에 있다. 이 여수석보(麗水石堡)는 여수의 관문인 석창사거리 옆에 있는 평지성으로 현재 그 유구가 어느 정도 남아 있으며, '석창성지'라는 이름으로 전라남도 기념물 제106호로 지정되어 있다.

여수 석보가 개설되기 전에 여수 목책도니성(麗水 木柵塗泥城)이란 성보가 있었다. 이 성은 확실하지 않지만 고려말 혹은 조선초에 축조되어 여수현의 치소로 이용되었을 가능성이 있으며, 왜구와 같은 외부의 침략으로부터 주민을 보호하는 성보로서의 역할을 하였을 것이다. 1350년에 처음으로 등장한 '여수'라는 관호(官號)는 조선 태종 9년(1409)에 혁파되어 순천부의 직할지로 편입된다. 폐현 이후 이 성

은 지역 주민의 위난 대피시설로 사용되었을 가능성도 있다.

석창성의 축조와 그 기능

여수석보는 1457년(세조 3년) 『세조실록』에 처음 등장하며, 전라도에서 최초로 연해안에 설치된 석보이다.

고려말 이래로 왜구의 침입에 대비해 이루어지던 축성 사업은, 조선 태종대에 입보(入保)를 위한 대형 산성의 수축과 함께 연해안의 주요 관방처 축성으로 이어졌다. 그러다가 세종 12년(1430) 무렵에 다시 국가적인 차원에서 부대시설을 갖춘 석축의 읍성을 연해안에서부터 축조하는 쪽으로 방향이 바뀌었다. 그리하여 세종 26년(1444) 즈음이면 왜구 방어에 긴요한 고을을 중심으로 연해안 읍성의 축조가 대략 마무리되었으며, 이후에는 읍성의 수축·정비와 더불어 차츰 치소에서 멀리 떨어진 바닷가 요해처에까지도 방수군(防戍軍)이 배치되는 석보를 축조하기 시작하였다.

세종 27년(1445)에 조정에서는 병조판서를 보내 경상도와 전라도

의 연해안 여러 고을의 책보(柵堡)를 둘러보게 하였고, 그 해 8월에 두 도의 요해처에 각각 하나씩의 석보를 축조하도록 결정하였다. 하지만 흉년이란 재해 때문에 실행에 옮기지 못하고 만다. 그 후 여러 논의를 거쳐 마침내 여수 석보는 세조 3년(1457) 이전에 완성되고, 경상도 울산의 유포(柳浦)석보는 세조 4년에 축조되기 시작하여 그 이듬해에 완성을 보았다.

석보가 완성된 후 이를 지키는 군인들이 매우 적어 적의 난입 때에 주민들만의 힘으로 해결이 어렵다는 논의가 있어서 성종 10년(1479)에 순천의 유방정병(留防正兵) 일부(125명)를 석보로 이속시켜 병마절도사의 군관으로 하여금 그 방호에 임하도록 하였다.

석보는 원래 바닷가 주민들로 하여금 느닷없이 난입하는 왜구의 칼끝을 그에 의해 잠시 피하도록 마련한 보루였다. 고려말 조선초 왜구의 출몰이 잦았기 때문에 여수에 석보를 설치하였던 것이다.

군사시설물이었던 여수 석보는 조선왕조의 연해안 방어체계가 변화하면서 그 기능이 전혀 다른 방향으로 바뀌어 나갔다. 중종 17년(1522)에 여수 석보가 돌산진으로 통폐합되어 석보에 배치되었던 군

석창성지는 평면 형태가 사각형이며, 성벽의 한 변의 길이가 170m에 달해 전체적인 길이는 680m 정도 된다.

인들이 돌산포로 옮겨 가면서부터이다. 이곳에 창고를 두어 여수, 삼일포, 소라포 등 세 리의 환곡을 거두어 보관하였다. 군 시설물에서 환곡을 운영하는 창고로 전용되어 오다가 임란이란 큰 전란 때문에 환곡 운영이 원활하지 않아 어느 기간 동안 폐쇄되었다가 1729년(『신증승평지』 편간 연대) 무렵이면 다시 석보창으로 이용되고 있었다. 조선 말까지 석보창 혹은 석창으로 불리면서 환곡을 운영하는 창고로서의 기능을 다하여 오다가 1894년 갑오개혁과 함께 환곡 제도가 폐지되면서 석창성의 기능은 끝이 났다.

석창성은 창고로서의 기능뿐만 아니라 17세기 초반부터 19세기 말까지 장시(場市) 기능까지 하였고 순천지역의 3대 장시 가운데 하나이기도 하였다.

조선 후기 고산자 김정호는 『대동지지』에서 여수보(麗水堡)가 여수고현(麗水古縣)에 소재하며 석보창이 곧 '여수고현'이라고 이해하여 현재의 석창성지 일원을 옛 여수 고을의 치소라고 이해하였다.

문헌에 의하면 이 석창성은 조선전기에 축성되어 후기까지 사용되었다. 하지만 이 시기와 다른 토기, 청자, 기와 등이 출토된 점으로 미루어 보아 조선시대 석보가 축조되기 이전에 이미 다른 유구가 이곳에 존재하고 있었다는 사실을 웅변해 주고 있다.

석창성지의 현황

석창성지는 2001년(순천대·전남대·명지대)과 2007년(남도문화재연구원) 등 2번에 걸쳐서 발굴조사가 이루어졌다. 그 결과 성곽의 구조가 어느 정도 파악되고 있다. 석창성은 정사각형에 가까운 평지성으로, 외벽은 할석을 이용하여 아주 정연하게 쌓고 내벽은 흙을 이용하여 축성한 편축식 성곽이다. 내·외벽 사이는 석심을 깬 잔자갈과 흙을 번갈아 깔면서 층단으로 쌓은 후 그 위에 흙을 덮었다. 성의 네 모서리는 곡면으로 처리하였고, 성벽의 기단은 성벽보다 약간 앞으로 내어 가로로 쌓고, 성벽의 1단 즉 최하단은 대형석재를 세워 면쌓기를 한 것이 특징이다. 서벽 중간 부분에 "구례시면(求礼始面)"이란 명문이 음각되어 있기도 하다. 문지는 동·남·서쪽에 있으며, 서문은 아마도 16세기에 그 기능이 변화하면서부터 폐쇄되었던 것으로 보인다. 해자는 성벽에서 5~6m 정도 떨어져 너비 4~5m 내외, 깊이 2m 내외로 전 구간에 걸쳐서 만들었으며, 해자의 양 벽은 60~100cm 높이의 석축이 비교적 잘 남아 있다. 성곽의 내부에서는 건물지 6동, 원형 석축우물 1곳, 연못 1곳(말각방형, 길이 206m, 너비 9.5m, 깊이 1.4m) 등의 유구가 발견되었다. 유물은 기와, 자기, 토기 등이 출토되었다. 가장 이른 시기의 유물은 토기로서 적갈색 타날문토기와 인화문토기 등이다. 대부분 기와는 조선시대의 것이나 통일신라시대 기와편도 약간 보이고 있으며, 고려시대 막새와 청자도 출토되었다.

문헌에 의하면 이 석창성은 조선전기에 축성되어 후기까지 사용되었다. 하지만 이 시기와 다른 토기, 청자, 기와 등이 출토된 점으로 미루어 보아 조선시대 석보가 축조되기 이전에 이미 다른 유구가 이곳에 존재하고 있었다는 사실을 웅변해 주고 있다. 그러한 유구는 2차례의 발굴조사를 통해서 밝혀지지 않아 어떠한 성격의 시설들이 이곳에 설치되었는지는 현 상황에서 밝힐 수 없다. 이곳이 여수의 옛 치소로 거론되고 있는 점과 관련이 있을지 앞으로 규명되어야 할 문제이다.

조선 수군의 혼이 깃든
'거북선 건조지'

- **소재지** 여수 시전동 708 일원
- **종목** 사적 제392호
- **시대** 조선시대

여천선소유적의 연혁

여수 가막만의 가장 안쪽인 북쪽에 위치한 선소유적은 1972년 11월에 세상에 알려졌으며, 이곳이 거북선 건조 장소였다는 점이 인정되어 1974년 12월 26일 전라남도 기념물 제14호(지정명 : 이충무공선소유적[李忠武公船所遺蹟])로 지정되었다. 그 후 몇 차례의 발굴조사와 계속된 문헌고증에 의하여 마침내 선소유적은 '여천선소유적(麗川船所遺蹟)'이라는 명칭으로 1995년 4월 20일 국가 사적 제392호(면적 : 18,541㎡)로 지정 되어 오늘에 이르고 있다.

선소란 수군의 전함을 계류·수리·건조하고, 군기를 보관·보수·보급하며, 수군을 대기·충원·조련하던 장소인 일종의 단위 수군기지라고 할 수 있다. 여천선소는 순천도호부선소(順天都護府船所)였다는 사실이 문헌에 의해 밝혀짐으로써 선소의 소속문제는 일단락되었다. 이 선소는 을묘왜변(명종 10년, 1555)을 전후해서 설치되었을 것으로 추정되며, 1895년 갑오경장 때 군제가 개편되면서 폐지되었다. 순천선소의 운영은 순천부사가 행정을 담당하고 좌수사가 군사를 담당하는 등 이원화된 모습을 보여주고 있다. 실제로 순천선소는 부사가 임

1. 여천선소 전경
2. 여천선소 굴강
3. 굴강 복원 작업
4. 굴강 석축

여수 가막만의 가장 안쪽인 북쪽에 위치한 선소유적은 1972년 11월에 세상에 알려졌으며, 몇 차례의 발굴조사와 계속된 문헌고증에 의하여 마침내 선소유적은 '여천선소유적(麗川船所遺蹟)'이라는 명칭으로 1995년 4월 20일 국가 사적 제392호로 지정되어 오늘에 이르고 있다.

복원된 여천선소 대장간과
발굴조사 당시 모습.

명하는 대장(代將, 閑良)이 운영하였다.

이 유적은 이순신 장군과의 관련성이 강조되어 초창기에 유적명칭을 '이충무공선소유적'으로 하여 오다가 문헌 고증에 의해 '순천도호부선소'로 밝혀지고 국가 지정문화재로 승격되면서 현재의 명칭으로 변경되었다.

여천선소유적의 현황

유적이 처음 알려졌을 때 선소 유적은 단지 굴강 유구의 흔적과 벅수(3쌍), 계선주 등만 남아 있었다. 오늘날 역시 이 유적들은 그대로 있고, 1980년 중반부터 세검정, 군기고, 풀뭇간 등이 복원되고 주변이 약간 정비되어 있다.

선소란 수군의 전함을 계류·수리·건조하고, 군기를 보관·보수·보급하며, 수군을 대기·충원·조련하던 장소인 일종의 단위 수군기지라고 할 수 있다.

　당국에서는 선소 유적을 정비하기 위한 자료를 얻기 위하여 1980년부터 1994년까지 4차례에 걸쳐 크고 작은 고고학적인 조사를 각 기관에 의뢰하여 발굴조사를 실시하여 다음과 같은 성과를 거두었다.

　첫째, 비록 많이 유실되었지만 굴강 유구를 확인하였다는 점을 들 수 있다. 이 굴강은 자연적인 지형을 이용한 것이 아니고 완전히 인공으로 축조한 것으로 확인하였다. 굴강은 직경 40m 내외의 원형이며, 깊이는 석축 상면에서 5~6m 정도로 추정하였다. 조사 전 굴강 입구의 너비는 약 15m 정도였는데 조사 결과 굴강 입구 너비는 약 9m 정도였다. 굴강 내부의 1곳과 입구 동서 양쪽에서 노출된 하부에 남아 있는 석축은 굴강 석축의 하단부에 해당하는 것이며, 그 높이는 1m 정도였다. 석축에 사용된 돌의 크기는 일정하지 않으나 약 40~50cm 정도였으며, 자연석과 할석을 이용하였다. 축조법은 자연석 막쌓기로

하고 뒷채움은 특별히 보강한 흔적은 없으며 석축을 쌓고 난 잔재를
흙과 같이 채웠다. 굴강 내부 석축은 굴강 중심을 향해 약 50~60도
의 경사를 이루고 있으며 바닥에 가까워질수록 경사가 적어졌다. 그
러나 굴강 입구의 석축은 급한 경사를 보여주었다. 석축의 기초부분
은 별도의 방법으로 보강하지 않고 생토층 위에 바로 쌓은 것으로 추
정하였다.

둘째, 선소와 관련된 건물지를 확인하였다는 점이다. 선소의 서편
지역은 밭으로 경작되고 있었는데 이곳을 발굴조사한 결과 3기의 건
물지가 확인되었다. 제2건물지는 제1과 제3의 건물지보다 선행한 유

여천선소 세검정과
군기고.

구이며 온돌 구조가 나와 사람이 살았던 건물지였다. 그런데 이 건물이 소실되자 이어서 제1, 제3건물지가 만들어졌다. 이 유구는 온돌 유구 등이 나오지 않고 오직 초석 관련 유구들만 나와 일반적인 생활유적이 아니라 선소의 여러 기능을 담당하였던 공적인 건물지로 추정하였다. 제3건물지는 초석 밑에 적심군이 있고 초석과 초석 사이의 벽체는 토담으로 쌓은 것으로 보아 제1건물지와는 달리 튼튼하게 건립하였다. 따라서 이 제3건물지의 건물은 중요한 물건을 넣어 두어 외부의 침입을 막을 수 있게 건조된 격납고적인 건물로 추정하였다. 이 건물지 앞에서 출토된 철촉, 배못 등으로 보아 이 건물지는 군기창고로 추정되었다. 이를 근거로 현재 군기고가 복원되어 있다.

제1건물지에서는 초석 4개가 나란히 나왔다. 그런데 서쪽 넷째 칸은 260cm로 다른 주칸보다 40cm가 더 커서 이 칸을 중앙 어칸으로 추정하고, 이어서 최소한 3칸이 더 있었을 것으로 추정하여 정면은 최소한 7칸으로 보았다. 그래서 측면은 확인되지 않는 동서로 긴 건물지로 추정하였으며, 구전되어 온 '세검정(洗劍亭)'지로 생각해 볼 수 있다고 하였다. 이를 근거로 하여 오늘날 '세검정'이란 건물을 복원하게 되었다.

그런데 선소와 관련된 고기록 가운데 오직 규장각 소장의 1871년 「순천부고적(順天府古蹟)」(고지도)에 "선소창(船所倉)", "수군기(水軍器)"의 건물명이 나타나 있을 뿐이다.

현재 선소 주변의 밭과 마을에서 많은 양의 자기편들이 출토되고 있으므로 다양한 형태의 건물지들이 앞으로 발굴조사에서 드러날 것으로 보인다.

셋째, 단조로 2기와 집수구 유구를 확인하여 배를 건조하고 수리하며, 병기를 제작하는 데 필요한 철제품 생산유구를 찾았다는 점이다. 이 노(爐)의 유구는 비록 유실상태가 심하지만 노벽 하부의 일부와 바닥면이 남아 있었고, 단조 과정 중의 철소재(鐵素材), 단조박편(scale), 모루돌, 집수구 등이 발견되어 단조로(鍛造爐) 유구로 추정하기에 이르렀다. 2기의 단조로는 규모가 상당하여 배의 건조나 수리에 필요한 철기를 제작한 것으로 보인다. 이 단조로의 조성연대는 이곳에서 출토된 상평통보나 백자편들로 보아 18~19세기경으로 추정되었다.

이량 장군과 장군도

• **소재지** 여수 중앙동 산 1
• **종목** 문화재자료 제240호(여수 이량장군 방왜축제비)
• **시대** 조선시대

수중성의 유래와 현황

수중성은 1497년(광해군 3년) 이량(李良, 1446~1511) 장군이 왜구를 막기 위하여 쌓았던, 장군도와 돌산도를 연결하는 수중제(水中堤)를 말한다. 왜구나 해적선의 배가 들어오는 것을 방지하기 위하여 돌을 쌓아 놓은 방왜축제(防倭築堤)인 것이다. 이 제(堤)를 성곽 역할을 한 것으로 인식하여 흔히 '수중성'이라고 부른다.

장군도와 돌산 우두리 백초 사이의 낮은 바다를 연결하는 이 수중성은 거의 대부분 유실되어 정확한 현상을 파악하기는 어렵다. '방왜축제비'에 의하면 배로 돌을 운반하여 물속에 던져 넣어 축대가 수면 위로 상당한 높이까지 올라와 마치

여수청년회의소에서 세운 장군도 표지석. 수중성은 1497년(광해군 3년) 이량(李良, 1446~1511) 장군이 왜구를 막기 위하여 쌓았던, 장군도와 돌산도를 연결하는 수중제(水中堤)를 말한다.

성을 쌓은 것처럼 되었다고 한다.

이 유구는 간조 때가 되면 그 흔적을 약간 살펴 볼 수 있다. 섬 가장자리로 갈수록 큰 석재들이 놓여 있고 가운데 부분에는 작은 석재들이 놓여있다. 뿐만 아니라 가장자리는 너비가 약 30m에 달하나 중앙 부분은 약 10m 내외로 좁게 보인다. 이러한 현상은 유속이 빠른 중앙 부분의 유실이 그만큼 컸다는 것을 말해 주고 있다.

수중성과 이량 장군

방왜축제비는 전라좌수사를 지낸 이량 장군이 왜구의 침입을 방지하기 위해 쌓은 방왜축제를 기념하기 위해 후대에 세운 비로 2003년 10월 4일에 문화재자료 제240호로 지정되었다.

이량의 자는 자방(子房)이고, 본관은 함평(咸平)인데, 조선 연산군 3년(1497) 전라도 흥양(興陽)에 왜변이 일어났을 때 녹도(鹿島) 만호(萬戶)로 기용되어 적을 대파하고 많은 적병을 참살하였다. 그 공으로 당상관의 품계인 가선대부(嘉善大夫, 종 2품)에 특진됨과 동시에 일약 전라좌수사로 발탁되었다. 그런데 전라좌수영 남쪽에 작은 섬이

하나 있었는데 이 섬과 돌산도 간의 해로(海路)를 차단하는 대역사를 단행하였으니, 깊은 바다 속에 바윗돌을 쌓아 수중성(水中城)을 구축함으로써 왜적들은 물론 어떠한 선박도 이곳을 통과할 수 없게 되었다고 한다. 그 후 이 수중성을 '장군성(將軍城)', 혹은 '이량장군방왜축제(李良將軍防倭築堤)'라 칭하면서부터 섬의 이름도 자연히 '장군도(將軍島)'라 부르게 되었다고 한다.

3

1. 장군도 수중성 설치 지역
2. 수중성 사적비
3. 진남관에 있는 이량장군 방왜축제비
4. 장군도에 있는 이량장군 방왜축제비

방왜축제비는 전라좌수사를 지낸 이량 장군이 왜구의 침입을 방지하기 위해 쌓은 방왜축제를 기념하기 위해 후대에 세운 비로 2003년 10월 4일에 문화재자료 제240호로 지정되었다.

나라를 평안케 한
조선 수군의 본거지

• **소재지** 여수 군자동 472
• **종목** 국보 제304호
• **시대** 조선시대

진남관과 전라좌수영성

진남관은 전라좌수영성 안에 있으며, 성 안의 건물 가운데 가장 규모가 큰 건물이다. 전라좌수영은 조선 성종 10년(1479)에 설치되어 수군절도사를 두어 운영을 한 이후 고종 32년(1895)에 혁파될 때까지 400여 년이 넘게 수군의 주진으로서 남해안 방어를 위한 전략적 요충이었다. 좌수영성은 성종 16년(1485)부터 쌓기 시작하여 성종 21년(1491) 경에 완성된 것으로 보인다. 좌수영이 혁파되면서 성곽도 무너지고 그 안에 있던 여러 기능을 담당하였던 관아 건물들도 점차 훼손되기에 이르렀다. 좌수영성은 여수의 도시 규모가 커지면서 거의 대부분 유실되어 현재는 그 실상을 어디에서도 찾아 볼 수 없었으나 최근에 진남관 전면 좌측의 좁은 도로변에 있는 한 식당의 뒷벽이 좌수영성의 흔적으로 밝혀져 그 실마리를 찾아볼 수 있게 되었다.

진남관의 건축과 그 기능

임진왜란이 끝난 다음 해인 1599년 이충무공의 후임으로 온 통제

진남관은 전라좌수영성 안에 있으며, 성 안의 건물 가운데 가장 규모가 큰 건물이다. 조선시대 400여 년간 수군의 본거지로서, 전승의 사명을 다한 역사적 현장이자 여수를 상징하는 곳이기도 하다.

鎭南館

사 겸 전라좌수사 이시언(李詩言)이 정유재란으로 불에 탄 진해루(鎭海樓) 터에 5년간 공사를 하여 거대한 건물 한 동을 완성하였다. 이것이 진남관이며, 용도는 객사(客舍)였고, 남쪽의 왜구를 진압하여 나라를 평안하게 한다는 의미에서 건물의 이름을 '진남관(鎭南館)'이라 하였다. 『난중일기』에 진해루에서 이순신 장군이 공무를 보았다는 기록이 있으며, 이와 별도로 객사의 기록이 있는 점으로 보아 진남관 자리는 원래 객사의 자리가 아니다. 그 후 현종 5년(1644)에 절도사 이도빈(李道彬)이 개축하였고, 숙종 42년(1716) 이여옥(李汝玉) 수사 당시 화재로 소실된 것을 숙종 44년(1718) 이제면(李濟冕) 수사가 다시

진남관 망해루.
진남관의 용도는 객사(客舍)였고, 남쪽의 왜구를 진압하여 나라를 평안하게 한다는 의미에서 건물의 이름을 '진남관(鎭南館)'이라 하였다.

지은 것이 오늘날의 진남관이다.

진남관은 조선시대 400여 년간 수군의 본거지로서, 전승의 사명을 다한 역사적 현장이자 여수를 상징하는 곳이기도 하다. 이 객사에서 조선시대 역대 왕들의 궐패를 모셔놓고 매월 초하루와 보름에 정례 참배를 하였으며 또한 국가에 경사가 있을 때는 하례를 드렸고 나라의 슬픔이 있을 때는 관민일동이 봉도식을 거행하였다는 기록이 있다.

진남관의 현황

현재의 진남관은 정면 15칸(54.5m), 측면 5칸(14m), 건물 면적 240평으로 현존하는 지방관아 건물로서는 우리나라 최대 규모이다. 조선후기 전라좌수영 안에 78동의 건물이 있었으며, 그 규모는 600여 칸에 이르렀다고 한다. 현재 남아 있는 건물은 진남관이 유일하며, 최근에 망해루가 복원되어 정문의 역할을 하고 있다.

진남관의 평면은 68개의 기둥으로 구성되었는데 동·서측 각각 2번째 협칸의 전면 내진주를 이주(移柱)하여 내진주 앞쪽에 고주(高柱)로 처리하였다. 이 고주는 곧바로 종보를 받치고 있고 대량은 맞보로 고주에 결구하여 그 위에 퇴보를 걸었다. 전후면의 내진주와 외진주 사이에는 간단한 형태의 퇴량을 결구하였고 측면 어칸에는 2개의 충량

1. 진남관 석주화대
2. 진남관 여수석인상

을 두어 그 머리는 내부 대량위로 빠져나와 용두로 마감되었다. 기둥은 민흘림 수법을 보여주고 있으며, 그 위에 짜인 포작은 외부로는 출목 첨차가 있는 2출목의 다포계 수법을 보이고, 내부에서는 출목첨차를 생략하고 살미로만 중첩되게 짜서 익공계 포작수법을 보여주고 있다. 외부출목에 사용된 첨차에는 화려한 연봉 등의 장식을 가미하였고 특히 정면 어칸 기둥과 우주에는 용머리 장식의 익초공을 사용하였다. 각 주칸에는 1구씩의 화려한 화반을 배열하여 건물의 입면공간을 살려주고 있으며, 내·외부 및 각 부재에는 당시의 단청문양도 대부분 잘 남아 있다. 초석은 자연석 덤벙초석이며, 여기에 맞게 기둥을 올려놓기 위해 기둥 밑은 그랭이 기법으로 처리하였다. 지붕은 팔작으로 처리하여 장대한 건물의 격을 한층 더 높이고 있다.

또한 건물 내부공간을 크게 하기 위하여 건물 양측의 기둥인 고주(高柱)를 뒤로 옮기는 수법을 사용하여 공간의 효율성을 살리고, 가구는 간결하면서도 건실한 부재를 사용하여 건물의 웅장함을 더해주고 있다. 건물의 양측면에는 2개의 충량(측면보)을 걸어 매우 안정된 기법을 구사하고 있는 등 18세기 초에 건립된 건물이지만 당시의 역사적 의의와 함께 학술적·예술적 가치가 뛰어나다.

이 건물은 1910년에 여수 공립고등보통학교를 시작으로 일제 강점기에는 여수중학교와 야간상업중학교로 사용되다가 해방 후 여러 차례 보수를 거쳐 오늘에 이르고 있다.

진남관은 1963년 1월 21일에 보물 제324호로 지정되어 관리되어 오다가 2001년 4월 17일에 국보 제304호로 승격되었다.

관련 유적

이충무공의 덕을 추모하고 공적을 후세에 전하기 위하여 세운 '타루비' (보물 제1288호)와 '좌수영대첩비' (보물 제571호)가 고소대에 남아있다.

타루비(墮淚碑)는 이충무공이 세상을 떠난 지 6년 후인 선조 36년(1603)에 그의 부하들이 장군의 덕을 추모하기 위하여 건립한 것이다. 석비의 형태는 화문(花文) 대석(臺石) 위에 연화(蓮花) 비좌(碑座)

를 마련하여 비신을 세우고, 운문(雲文)과 연(蓮)봉오리형으로 이루어진 개석을 얹었다. 비문내용은 다음과 같다. "영하수졸위통제사 이공순신입단갈명왈타루 개취양양인사양호이망기비즉루필타자야 만력삼십일년추립(營下水卒爲統制使 李公舜臣立短碣名曰墮淚 蓋取襄陽人思羊祜而望其碑則淚必墮者也 萬歷三十一年秋立)"(영하의 수졸들이 통제사 이순신을 위하여 짤막한 비를 세우니 이름 하여 타루라. 중국 양양사람들은 양호를 생각하면서 그 비를 바라다보면 반드시 눈물을 흘린다는 고사에서 인용한 것이니라. 1603년 가을에 세우다.)

좌수영대첩비(左水營大捷碑)는 광해군 7년(1615) 삼도수군통제영이 있었던 여수에 충무공 이순신 장군의 공훈을 기념하기 위하여 건립된 우리나라 최대 규모의 대첩비이다. 비의 형태는 한 돌로 이루어진 지대석(地臺石)과 귀부(龜趺), 비좌(碑座) 위에 비신(碑身)이 서 있으며, 그 위에 운룡(雲龍)과 연화문(蓮花紋)의 이수가 개석(蓋石)으로 얹혀 있다. 비신 상단에는 선원(仙源) 김상용(金尙容)이 전(篆)한 '통제이공수군대첩비(統制李公水軍大捷碑)'라는 비의 이름이 새겨져 있다. 이충무공이 노량, 한산, 옥포 등의 해전에서 세운 공적을 기술하고 있는 이 비는 이충무공의 부하로 있다가 전라좌수사, 황해병사를 지낸 유형(柳珩)이 돌을 보내 건립되었는데, 비문(碑文)은 백사(白沙) 이항복(李恒福)이 짓고 남창(南窓) 김현성(金玄成)이 썼다. 비의 왼쪽에는 숙종 24년(1698) 남구만이 지은 비의 건립에 관한 기록이 남아 있다. 기록에는 이순신의 막료로 활약하였던 수군통제사 유형과 좌수영 지역의 유지 및 후손들의 노력으로 건립하게 된 경위를 비롯하여, 이 때 타루비도 대첩비 옆으로 옮겨 세우고, 비각을 세워 보존하였다는 비 건립 전후의 기록이 밝혀져 있다.

이충무공의 효심이 깃든 곳

- **소재지** 여수 웅천동 송현마을
- **종목** 미지정
- **시대** 조선시대

이순신의 자당 초계변씨

바닷가에 자리 잡은 여수 웅천동 송현마을은 이순신 장군의 어머니와 집안 친척들이 임진왜란 7년 가운데 5년간이나 피란생활을 하였던 곳으로 알려져 있다.

이충무공의 어머니 초계변씨(草溪卞氏 : 1515~1597)는 충남 아산시 염치면 백암리에서 변수림(卞守琳)의 딸로 태어나 서울의 이정(李貞)에게 출가하여 희신(羲信), 요신(堯信), 순신(舜信), 우신(禹信) 등 4형제를 두었는데 31살에 낳은 3자가 이충무공이다.

이순신은 서울 건천동(지금의 중구 인현동 부근)에서 출생하였으며 어린 시절은 거의 이곳에서 보낸 것으로 보이고, 어머니의 엄격한 가정교육 영향으로 강한 정의감을 가질 수 있었으며 사대부가의 전통인 충효를 중시하였다.

자당기거지 송현마을

초계변씨가 언제부터 송현마을(당시의 고음천[古音川])에 기거하

이순신자당 기거지.
바닷가에 자리 잡은 여수 웅천동 송현마을은 이순신 장군의 어머니와 집안 친척들이 임진왜란 7년 가운데 5년간이나 피란생활을 하였던 곳으로 알려져 있다.

게 되었는지 정확한 기록이 없어서 알 수 없다. 『난중일기』에 의하면 1593년 6월 이후부터 송현마을에서 생활하였던 것으로 볼 수 있다. 송현마을은 당시 곰내(古邑川)로 불리던 현 웅천동의 한 구역으로서 현재의 웅동(熊東)·웅서(熊西) 등과 함께 창원정씨(昌原丁氏) 일문이 집성촌을 이룬 마을이었다. 기묘명현 정계생(丁戒生)의 손자 철(哲)·인(麟)·춘(春)과 그들의 종질인 대수(大水) 등, 임진년부터 전라좌수영에서 해상의병의 활동을 펼친 인물들의 향리였다. 당시 정씨일문의 존장격이었던 정철의 주선에 따라 변씨부인이 기거하게 된 곳은 집안의 장손이었던 정대수의 집(현재의 웅천동 충효로

1. 이순신자당기거지 입구
2. 이순신자당기거지 이충무공사오비
3. 이순신자당기거지 표지석과 유적비

23-5번지 소재 정평호 씨 집)이었다고 한다.

정대수는 웅천동에 있는 오충사(五忠祠)에 배향된 인물로 충효가 남달랐다고 한다. 그의 자는 여숙(余淑), 호는 용서(龍西)이고 1565년 (명종 20년)에 태어났으며, 타고난 모습이 총명하고 그 용모가 걸출하였다. 어려서부터 널리 경사(經史)를 두루 섭렵하였으며, 15세의 나이에 홀로 어머니를 봉양하여 효성이 지극하였다. 1588년 무과에 합격하여 선전관이 되었으며 임진왜란이 일어나자 이순신 휘하로 들어가 7년 전쟁이 끝날 때까지 그의 곁에서 떠난 적이 없었다고 한다. 노량해전에서 입은 깊은 상처 때문에 1599년 35세의 젊은 나이에 세상을 떠났으며, 선무원종공신 1등에 책봉되고 병조판서에 추증되었다.

이순신자당기거지인 송현마을 정평호 씨 댁의 우측에 "이충무공모부인초계변씨유적비(李忠武公母夫人草溪卞氏遺蹟碑)"라 음각된 기념비가 있고 옆에 간략한 해설문이 있다. 그리고 좌측에 『난중일기』의 이충무공 자필을 그대로 음각한 비가 최근에 만들어져 세워졌다.

28 마래터널

역사와 양보를 가르치는 터널

• **소재지** 여수 덕충동
• **종목** 등록문화재 제116호(마래 제2터널)
• **시대** 일제 치하

마래터널의 굴착과 이용

여수시 덕충동 마래산의 동쪽 해안가에는 2개의 터널이 있다. 여수 만성리해수욕장에서 오동도가 있는 여수항 쪽으로 뚫려 있는 이 터널은 아래쪽의 터널이 제1터널로 기차가 다니는 터널이고, 제2터널은 위쪽에 있는 것으로 차량이 통행하고 있으며 아울러 사람들도 걸어 다닐 수 있다. 이 터널은 국내 유일의 자연 암반터널로 1926년 일제강점기에 자연 암반을 깎아 말굽형식으로 뚫어 시공하였다.

제2터널은 군사도로로 사용되어 오다가 현재는 차량 통행용으로 이용되고 있으며, 총 연장 640m, 너비 4.5m, 높이 4.5m로 이루어졌고, 차량이 대기할 수 있도록 중간 5곳에 좌측으로 여유 공간을 만들어 놓았다. 이 터널은 국내에서 유일하게 암반을 굴착하여 만든 것으로 그 보존가치가 있어 2004년 12월 31일에 국가지정 등록문화재 제116호로 지정되었다.

제1터널은 전라선의 마지막 구간인 순천·여수 구간으로 터널을 지나 조금 가면 여수역에 다다른다. 이 구간은 광여선(광주·여수간)의 일부이며, 1930년 12월 1일 남조선철도주식회사에 의해 1921년 4월 1

여수시 덕충동 마래터널은 국내 유일의 자연 암반터널로 1926년 일제강점기에 자연 암반을 깎아 말굽형식으로 뚫어 시공하였다.

4.3m

일부터 1930년 12월 1일까지 155.5㎞의 철도를 공사하여 개통되었다.

여순사건 희생지

만성리해수욕장에서 해안선을 따라 조금 가면 제2 마래터널 입구가 나오는데 이곳에 가슴 아픈 사연을 담은 안내판이 서 있다. 바로 여순사건 희생자들의 사연을 적은 안내판으로 다음과 같은 글이 적혀 있다.

여순사건 만성리 희생지

만성리 희생지는 1948년 11월 초순경 부역혐의자로 잡혀있던 종산초등학교(현 중앙초등학교) 수용자 중 수백 명의 민간인이 이곳으로 끌려와 집단 희생된 곳입니다.
(만성리 희생지 유해매장 추정번지)
전라남도 여수시 만흥동 149–2번지 일대

위 장소는 한국전쟁 전인 1948년 발생한 여순사건(여수시 만성리 학살사건)의 민간인 집단 희생지로서 진상규명과 명예회복을 위한 국가차원의 조사가 진행 중이므로 함부로 훼손하는 일이 없기를 바랍니다.

2008. 12
진실화해를 위한 과거사정리위원장
여 수 시 장

이곳은 바닷가이며 아주 좁은 협곡으로 여순사건 부역혐의자들을 골짜기 속으로 던져 넣은 후 흙, 모래와 돌로 암매장하였다고 한다. 여수를 장악한 진압군은 이후에도 부역혐의자들을 이 골짜기에서 계속 학살하여 총소리와 비명소리가 가득하였다 한다. 그래서 시내를 가고자 했던 만성, 오천 주민들은 공포의 땅이 된 이 지름길을 두고 일부러 먼 거리를 돌아다니기까지 하였다. 사건이 지난 후 억울하게 죽어간 사람들을 위해 이 골짜기를 지나는 사람들은 작은 돌을 계곡에 던져 넣어 희생자들의 넋을 위로하는 풍속이 한 동안 오래 지속이 되어 돌탑무덤이 솟아오르기도 하였으나 지금은 그 흔적을 찾아보기 어렵다.

| 참고문헌 |

국립광주박물관, 『여천 월내동 고인돌』, 1992.

______, 「안도패총 발굴조사 현장설명회」, 2006.

김건수·이순엽, 「여수 거문도와 손죽도의 신석기시대 패총」, 『순천대박물관지』 창간호, 1999.

김계유, 『여수·여천발전사』, 반도문화사, 1988.

김진영, 『여수반도 지석묘 연구』, 목포대학교 석사학위논문, 2001.

변동명, 「조선시기 여수의 석보와 석(보)창」, 『역사학연구』 33집, 호남사학회, 2008.

순천대학교박물관, 『전라좌수영의 역사와 문화』, 1993.

______, 『문화유적분포지도-여수시』, 2003.

순천대박물관 외, 『석창성지 발굴조사보고서』, 여수시, 2003.

여수지역사회연구소 편, 『여수시문화재도록』, 여수시, 2001.

이동희, 「백제의 전남 동부지역 진출의 고고학적 연구」, 『한국고고학보』 64집, 2007.

이동희·이순엽, 『여수 화동리·관기리 유적』, 순천대학교박물관·여수시, 2006.

이영문, 『여천시 봉계동 지석묘』, 전남대학교박물관, 1990.

이영문·정기진, 『여수 오림동 지석묘』, 전남대학교박물관, 1992.

______, 『여수 적량동 상적 지석묘』, 전남대학교박물관, 1993.

이영문·최인선·정기진, 『여수 평여동 산본 지석묘』, 전남대학교박물관, 1993.

임영진·조진선·서현주, 『여수 미평동 양지 유적』, 전남대학교박물관, 1998.

전남대학교 이순신해양문화연구소, 『조선시기의 거북선과 선소』, 2008.

정오룡, 「여천군의 선사유적」, 『여천군의 문화유적』, 조선대학교국사연구소, 1988.

조선대학교박물관, 『여수시의 문화유적』, 여수시·조선대학교박물관, 2000.

조현종·장제근, 돌산 세구지 유적』, 국립광주박물관, 1994.

지건길·조현종, 『돌산송도 I·II』, 국립광주박물관, 1989, 1990.

최인선·박태홍, 『여수시의 산성』, 여수시·순천대학교남도문화연구소, 2003.

최인선·박태홍·송미진, 『여수 고락산성 II』, 순천대학교박물관·여수시, 2004.

최인선·이동희·송미진, 『여수 화장동유적 I』, 순천대학교박물관·여수시, 2001.

최인선·이동희·조근우·이순엽, 『여수 화장동유적 II』, 순천대학교박물관·여수시, 2002.

최인선·조근우, 『여수의 성지』, 순천대학교박물관·여수시, 1998.

최인선·조근우·이순엽, 『여수 고락산성 I』, 순천대학교박물관·여수시, 2003.

______, 『전라좌수영성지』, 순천대학교박물관·여수시, 2002.

한국고고미술사연구소, 「흥국사의 불교미술」, 『미술사학지』 1집, 1993.

종교와 사상

29 향일암

세상에서 가장 아름다운 일출

• **소재지** 여수 돌산읍 율림리 70
• **종목** 문화재자료 제40호
• **시대** 신라시대

향일암의 유래

여수시 돌산읍 율림리 금오산(金鰲山)에 있는 향일암은 대한불교 조계종 제19교구 본사인 화엄사(華嚴寺)의 말사이다. 644년(선덕여왕 13년) 원효(元曉)와 의상에 의해 원통암(圓通庵)이라는 이름으로 창건되었다고 전하고 있으나 신빙성이 없다. 958년(광종 9년)에 윤필(輪弼)이 중창한 뒤 금오암이라 하였다고 한다. 임진왜란 때에는 승군의 본거지로 사용되었으며, 그 후 현 위치로 자리를 옮기고 절 뒷산에 있는 바위가 거북의 등처럼 생겼다 하여 영구암(靈龜庵)이라 하였다. 1715년 인묵대사가 주석하면서 신도들의 시주로 사세가 좋아지기 시작하여 1718년에 현 위치로 이건하면서부터 절의 이름을 향일암으로 개칭하였다. 향일암은 이곳에서 볼 수 있는 해 뜨는 모습이 아름답다고 하여 붙여진 이름이다.

이곳은 해상일출을 마음껏 즐길 수 있는 곳이며, 그 위치는 거북이 바다 쪽으로 팔을 휘저으며 들어가고 있는 형상을 취하고 있는 것이라 한다. 절 뒷산의 정상 부근에는 한 사람이 흔들거나 열 사람이 흔들거나 그 흔들림이 일정한 흔들바위가 있다.

향일암 일주문. 여수시 돌산읍 율림리 금오산(金鰲山)에 있는 향일암은 대한불교조계종 제19교구 본사인 화엄사(華嚴寺)의 말사이다.

金鰲山向日庵

향일암의 현황

향일암은 1925년 최칠용 주지가 부임하면서부터 절다운 면모를 갖추기 시작한다. 그는 박승봉의 시주로 산신각, 칠성각, 취성루를 건립하였다. 이어서 1961년 박영주 주지 당시에는 죽포불량계원과 황학모의 시주로 법당과 전각을 중건하였고, 1971년 4월 주지 박천수가 황학모 신도회장 등의 시주로 취성루를 현대식으로 개조하였다. 돌산대교가 개통되면서 향일암은 도약의 길로 들어선다. 새로 주지에 부임한 종견 스님은 1982년 범종을 주조하고, 1984년에는 칠성각을 중

1. 향일암
2. 향일암 오르는 길의 바위문
3. 향일암 거북목
4. 향일암 대웅전
5. 원효스님 좌선대
향일암은 해상일출을 마음껏 즐길 수 있는 곳이며, 그 위치는 거북이 바다 쪽으로 팔을 휘저으며 들어가고 있는 형상을 취하고 있는 것이라 한다.

창하였으며, 1986년 대웅전, 1987년 삼성각, 1990년 용왕전, 1991년 관음전을 중건하였다. 뒤이어 부임한 종삼 주지도 1998년에 일주문을 새로 건립하고 사찰로 올라가는 비탈길도 돌계단으로 축조하였으며, 사찰의 역사를 한 눈에 알아 볼 수 있는 사적비(1999년 4월)까지 세우는 불사를 하였다.

향일암은 현재 문화재자료 제40호(1984년 2월 29일)로 지정되어 있으며, 대웅전, 관음전, 용왕각, 삼성각, 요사, 종무소, 일주문 등의 건물이 있다.

'나라가 흥하면 절도 흥한다'

• **소재지** 여수 중흥동 17
• **종목** 문화재자료 제38호
• **시대** 고려시대

흥국사의 창건

흥국사의 창건은 고려시대의 문헌이 없고 사찰 내에서 발굴조사가 전혀 이루어지지 않아 고증하기가 어려운 실정이다. 하지만 조선후기부터 흥국사의 창건과 그 이후에 대한 기록이 남아 있어 정확하지는 않지만 재구성해 볼 수 있다.

창건에 대한 기록은 「흥국사사적(興國寺事蹟)」과 '흥국사중수사적비(興國寺重修事蹟碑)' 등에 있다. 「흥국사사적」의 내용은 "흥국사의 옛 기록을 살펴보니 송나라 영종의 즉위 다음 해(慶元 元年, 1195), 대금의 승안(承安) 원년(1196)에 노승의 계시로 영축산에 흥국사를 창건하였다. 1201년에 국사는 다시 송광사로 돌아갔다. 국사가 떠난 후로 흥국사는 승려가 줄어들고 사찰이 차츰 피폐되어 백년 가까이 토굴과 같이 지냈다. 그러다가 몽골군에게 다시 불태워지고 초동들의 놀이터로 그 많은 세월을 보냈다"는 것이다. 그리고 중수비에서 흥국사는 아주 큰 절이며 보조국사가 지정 계미년(1343)에 창건하였다고 하였다.

위의 기록을 보면 창건 연대가 1195년, 1196년, 1343년 등으로 나오지만, 창건주는 모두 보조국사 지눌이다. 흥국사 사적은 오인하여 같

은 해를 달리 표기하였는데 대체로 경원 원년(1195)설을 따르고 있다.

지눌은 고려 의종 12년(1158)에 황해도 서흥군에서 태어나 8세에 출가를 하였다. 25세였던 1182년에 승선(僧選, 승려의 과거 시험)에 합격하였다. 그 이후의 활동은 다음 4기로 구분된다.

· 1기 하가산(下柯山) 시기　　　　　　? ~ 1190년
· 2기 팔공산 거조암(居祖庵) 시기　　1190 ~ 1198년
· 3기 지리산 상무주암(上無住庵) 시기　1198 ~ 1199년
· 4기 송광산 수선사(修禪社) 시기　　1200 ~ 1210년

흥국사 창건 연대인 1195년은 지눌의 활동기 가운데 2기인 대구 팔공산 거조암에 머물렀던 시기이며, 지눌이 흥국사를 떠나 송광사로 돌아갔다는 1201년은 4기 초반이다. 이처럼 지눌이 흥국사에 머물렀다는 6년의 기간은 지눌의 행장을 살펴볼 때 거의 불가능한 것처럼 보인다. 그리고 지눌은 송광사에 있으면서 억보산(億寶山, 백운산)의 백운정사(白雲精舍)와 적취암(積翠庵), 서석산(瑞石山, 무등산)의 규

봉난야(圭峰蘭若, 규봉암)와 조월암(祖月庵) 등을 창건하여 송광사 한 곳에만 머물렀던 것은 아니다. 이와 같이 몇 곳의 사찰을 창건하여 한적한 곳에 주석하였던 예가 있으므로 그의 행장 기록에 흥국사가 없다고 하여 지눌이 흥국사를 창건하였다는 설이 잘못된 것으로 쉽게 처리를 할 수만은 없다.

다음으로 보조국사가 지정 계미년(1343)에 흥국사를 창건하였다는 설이다. 창건주가 지눌일 경우 1343년은 그의 활동시기와 맞지 않으므로 흥국사의 창건은 1343년이 될 수 없다. 그렇지만 창건주가 지눌이 아니고 다른 스님일 경우 1343년은 흥국사의 창건 연대로 하나의 설이 될 수 있다.

이와 같이 두 가지 기록은 시간적으로 서로 맞지 않을 뿐만 아니라 송광사에 있는 '보조국사비'에도 흥국사의 창건에 관한 사항이 전혀 없다. 따라서 문헌으로 볼 때 흥국사는 1195년에 보조국사가 창건을 하였거나 아니면 누군가에 의하여 1343년에 창건되었을 것으로 추정된다. 이처럼 시간차가 많이 날 경우 고고학적으로 고증을 할 수 밖에 없는데 아직까지 흥국사에서 고고학적인 발굴조사가 이루어진 바가 없기 때문에 이 문제의 해결은 뒤로 미룰 수밖에 없다.

흥국사의 중창과 현황

흥국사란 이름은 '나라가 번성하면 이 절도 함께 번창할 것이다' 라는 흥국의 염원을 담고 있다고 한다. 이처럼 고려시대에 창건된 것으로 보이는 흥국사는 임진왜란 때 이 절의 승려들이 이순신 장군을 도와 왜적을 무찌르는 데 공을 세웠으나 불행히도 전쟁기간에 절이 모두 타버려 지금 있는 건물들은 인조 2년(1624) 이후에 다시 세운 것들이다. 그렇기 때문에 오늘날 남아 있는 흥국사 유물들은 대부분 조선 후기에 조성된 것들이다.

대웅전은 인조 2년(1624) 계특대사가 절을 고쳐 세울 때 다시 지은 건물로 석가삼존불을 모시고 있는 절의 중심 법당이다. 규모는 앞면 3칸, 옆면 3칸이며 지붕은 옆면에서 볼 때 여덟 팔(八)자 모양을 한 팔작지붕이다. 지붕 처마를 받치기 위해 장식하여 짠 구조가 기둥 위뿐

만 아니라 기둥 사이에도 있는 다포 양식이다. 이 장식구조를 기둥 사이에 3구씩 배치하여 화려한 느낌을 주며 앞면 3칸은 기둥 사이를 같은 간격으로 나누어 키가 큰 빗살문을 달았다. 건물 안쪽 천장은 우물 정(井)자 모양의 우물천장으로 꾸몄고 불상이 앉아 있는 자리를 더욱 엄숙하게 꾸민 지붕 모형의 닫집을 만들어 놓았다. 불상 뒷면에는 숙종 19년(1693)에 그린 '흥국사대웅전후불탱화(보물 제578호)'가 있다. 같은 양식을 가진 건물들 중 그 짜임이 화려하고 엄숙한 분위기를 느끼게 하며, 조선 중기 이후의 건축기법을 잘 간직하고 있는 건축물이다. 대웅전은 1963년 9월 2일에 보물 제396호로 지정되었으며, 대웅전 목조석가여래삼존상은 2008년 3월 12일에 보물 제1550호로 지정되었다. 대웅전 삼존상의 협시보살상 보관 뒷면에 각각 "자씨보살대명숭정(慈氏菩薩大明崇禎)", "제화보살대명숭정(提花菩薩大明崇禎)"이라는 명문이 타출기법으로 새겨져 있다. 따라서 이 삼존상이 수기삼존상(授記三尊像)으로 17세기 전반의 숭정연간(1628~1644)에 조성된 것을 알 수 있다. 이 삼존상은 조각수법이 매우 뛰어나서 양감이 잘 표현되었으며, 손과 발의 표정이 잘 살아 있고, 옷 주름이나 장신구의 표현도 유려하다. 불상은 17세기 조각의 단순함을 잘 반영하고 있

흥국사 대웅전과 홍교. 흥국사는 임진왜란 때 이 절의 승려들이 이순신 장군을 도와 왜적을 무찌르는데 공을 세웠으나 불행히도 전쟁기간에 절이 모두 타버려 지금 있는 건물들은 인조 2년(1624) 이후에 다시 세운 것들이다.

고, 두 보살상은 자연스러운 자세와 장대한 신체비례를 보여준다. 17세기 전반의 상으로 이와 같은 크기의 보살상을 동반한 삼존불이 드물고, 도상과 양식면에서도 조선후기 불교조각을 대표하는 상으로 평가되고 있다.

그 밖에 흥국사에는 홍교(보물 제563호), 노사나불괘불탱(盧舍那佛掛佛幀, 보물 제1331호), 수월관음도(水月觀音圖, 보물 제1332호), 십육나한도(十六羅漢圖, 보물 제1333호), 강희4년명동종(康熙 四年 銘 銅鍾, 보물 제1556호), 목조지장보살삼존상·시왕상일괄및복장유물(木造地藏菩薩三尊像·一括 및 腹藏遺物, 보물 제1566호) 등의 국가지정 문화재가 있고, 원통전(圓通殿, 전라남도 유형문화재 제45호), 팔상전(문화재자료 제258호), 괘불(전라남도 유형문화재 제26호) 등의 지방문화재가 있다.

최근의 흥국사는 1985년에 주지로 부임한 명선 스님에 의해 대웅전을 해체 복원하고, 적묵당, 봉황루, 종각, 범종 등을 원래의 모습대로 복원하여 옛 모습을 되찾아 가고 있다. 그리고 임진·정유재란 당시 이순신 장군을 도와 국난을 승리로 이끈 의승·수군의 귀중한 유물들을 포함한 다양한 유물들이 전시·보관되어 있는 성보박물관이 있다.

사당에 배향한 다섯 충신

• **소재지** 여수 웅천동 중촌
  마을
• **종목** 미지정
• **시대** 조선시대

오충사의 창건

오충사는 여수시 웅천동 624번지에 위치하고 있다. 이순신과 정철(丁哲), 정춘(丁春), 정린(丁麟), 정대수(丁大水) 등을 배향한 사우이다. 1847년(헌종 13년) 임진왜란 때 이순신을 따라 종군하다가 전사한 정철에게 충절공(忠節公)이란 시호가 내리자 후손 정재선(丁載璿)이 이를 기리기 위해 여천 쌍봉면 가곡리에 세웠다. 그 뒤 충의공 정춘과 정린, 충정공 정대수를 추가로 배향하여 사충사(四忠祠)라 하였다. 1868년 대원군이 서원을 철폐할 때 헐렸는데 1923년 8월 창원 정씨 문중과 향민들이 새로이 건립하면서 이순신을 주벽으로 하고 4위를 같이 배향하여 오충사로 개칭하였다. 1938년 일본 경찰에 의해 다시 훼철되었으나 1962년 현 위치에 중건하였다.

배향인물과 현황

정철(?~1959)은 본관이 창원, 호가 청은(靑隱)으로 1585년 무과에 합격하였다. 임진왜란 때 이순신 휘하에서 활약하였으며 순천부사 김

오충사는 여수시 웅천동 624번지에 위치하고 있다. 이순신과 정철(丁哲), 정춘(丁春), 정린(丁麟), 정대수(丁大水) 등을 배향한 사우이다.

1. 정계생신도비
2. 오충사 신실

언공(金彦恭)과 함께 진주 제석당산성(帝釋堂山城)에 주둔하면서 일본군을 무찔러 그 공으로 초계군수에 임명되었으나 동생인 정인, 아들 정언신과 함께 1598년 해전에서 전사하였다. 뒤에 병조판서에 추증되었다. 정철의 동생인 정린은 1588년 형의 뒤를 이어 무과에 급제, 부장으로 있다가 난을 당하여 형과 함께 의병을 일으켜 해상에서 의병활동을 전개하였다. 정춘(?~1594)은 호가 송암(松巖)으로 무과에 합격하였으며 임진왜란 때 종형 정철, 종질 정대수와 함께 한산도 전투에서 큰 공을 세우고 그 공으로 성주판관에 임명되었으나 1594년 거제·옥포전투에서 전사하였다. 뒤에 병조판서에 추증되었다.

오충사의 사당은 정면 3칸, 측면 1칸의 팔작지붕의 건물이며, 신실(神室)에는 이순신과, 정철, 정춘, 정인, 정대수의 신위를 안치하였는데 이순신을 중앙에, 4인을 좌우에 각 2위씩 모시고 있다. 이 건물 옆에는 월천재(月川齋)가 있고 마을 입구와 우측에 정대수의 묘와 신도비가 있다.

32 애양원

신앙유적지에서 종합재활병원으로

• **소재지** 여수시 율촌면 신풍리 1
• **종목** 등록문화재 제32호 (여수 애양교회), 등록문화재 제33호(여수 애양병원)
• **시대** 일제 치하

애양원의 연혁

여수시 율촌면 신풍리 1번지에 위치하고 있는 애양원은 순천에서 여수로 가는 중간 지점인 여수공항 동쪽에 자리 잡고 있다.

애양원은 미국 남장로교 한국 선교회 소속 선교사들의 선교 활동으로부터 시작되었다. 1909년 4월 3일 급성 폐렴으로 순교한 오웬 의사를 치료하기 위해 목포에서 활동 중이던 포사이트(Wiley H. Forsythe) 의사가 목포에서 광주로 급히 오다가 광주에 도착하기 전 13마일쯤 떨어진 남평과 광주의 금당산 사이 길가에 누워 있는 한센병 여자 환자를 보았다. 그는 자신에 대한 위험을 생각지 않고 그 환자를 안아 말에 태우고 광주까지 왔다.

이 한센병 여인은 1908년 3월에 부임하여 선교활동을 하던 윌슨(Robert M. Wilson)이 사역 중이던 광주 선교 진료소 입원실에서 치료를 시작하였으나 동료 입원 환자들의 반발로 쫓겨나게 되었다. 선교사들은 사택 건축을 위하여 벽돌을 굽던 가마터를 치우고 그곳에 그 환자를 거처하게 하고 치료를 하였으나 곧 죽고 말았다.

그때 정성을 다해 환자를 치료해 주던 광경을 지켜보고 있던 윌슨

애양병원. 여수시 율촌면 신풍리 1번지에 위치하고 있는 애양원은 순천에서 여수로 가는 중간 지점인 여수공항 동쪽에 자리 잡고 있다.

이 1909년 여름 인근 봉선리에 작은 집을 짓고 한센병자 20여명을 치료하기 시작했다. 그 후 최흥종 목사가 제공한 1,000평의 땅에 45인 수용시설로 출발하여 환자가 늘어 갔으며 윌슨과 제중원 사무원 최흥종과 이만준 등이 3년간 전도를 해서 1912년 영국 에든버러에 있는 영국 한센병자협의회로부터 2천 달러의 도움을 받아 한센병자 수용소, 진료소, 교회 등을 마련하게 되었다.

1916년 이후 찾아드는 한센병자 수는 나날이 늘어나 1924년에는 560여명에 달하게 되었다. 1924년부터 광주 한센병 수용소를 순천으로 옮기려는 준비가 진행되었다. 이때 광주에서 '한센병 구제회' 설립 모금을 했으나 그 모금액이 미비했다.

1925년 현 여수시 율촌면 신풍리 1번지에 터를 마련하고 광주에서 옮겨올 준비를 했다. 서서히 옮겨오기를 시작해서 1928년에 한센병자 600여명이 옮겨와 지금의 애양원을 이루게 되었다.

1928년 이주 당시 본원의 이름이 '비더울프 나병원(Biederwolf Leper Colony)' 이었으며, 교회는 신풍교회라 불렸다. 비더울프라는 사업가가 당시에 애양원 내의 시설을 지어주겠으니 자신의 이름으로 병

원 이름을 하라고 했다 한다. 그러나 그 사업가는 자신이 바라는 일을 하지 못하고 죽었다. 그 후 개인의 이름으로 본원의 이름이 불리는 것이 바람직하지 않다 하여 1935년 당시 원장인 윌슨 박사가 본원의 이름을 환우들에게 현상 공모한 결과 '애양원'이라는 이름이 채택되었다. 그 이후로 본원을 애양원이라고 불렀고 교회도 애양원교회로 불렀다.

손양원 목사는 1939년 7월에 애양원교회의 2대 목사로 부임해서 1950년 9월 28일 순교하기까지 목회를 하였는데, 시무 당시 1948년에는 교인이 1,000여 명이었으며 손목사의 사랑의 목회와 원수 사랑, 그리고 순교 등이 애양원을 한국 교회의 신앙유적지로 자리잡아가게

손양원 목사 순교기념관과 그 내부. 손양원 목사는 1939년 7월에 애양원교회의 2대 목사로 부임해서 1950년 9월 28일 순교하기까지 목회를 하였다.

하였다.

현재의 애양원은 시대적 요청에 부응하여 한센병 환자만이 아니라 일반 지체부자유 환자와 소아마비 환자를 함께 치료해주는 종합재활 병원으로 발전하였다. 일반 환자와 한센병 환자를 함께 다룸으로써 한센병에 대한 올바른 인식을 심어주는 데도 크게 공헌하고 있다.

손양원 목사 순교기념비. 손목사의 사랑의 목회와 원수 사랑, 그리고 순교 등이 애양원을 한국 교회의 신앙 유적지로 자리잡게 했다.

애양원의 현황

애양원 병원의 남쪽 정원에 4개의 비(설립자와 원장들의 비)가 서

있는데 다음과 같다.

· 故포싸일 醫師紀念碑(W. H. Forsythe M. D.)

· 禹越享醫師紀念碑(R. M. Wilson M. D.)

· 보이열 원장 기념비(Elmer Timothy Boyer, 1893년 8월 28일 미국
에서 출생, 1921년 9월 남장로교 선교사로 내한, 1947년 4월 애양
원 원장에 취임, 1965년 9월 애양원 원장 사임하고 귀국, 1965년
9월 10일 건립)

· 도성래원장기념비(Stanley C. Topple M. D.)

애양원의 답사코스는 애양병원-토플하우스(호텔)-애양원역사관-
애양원교회-성경암송반-순교자묘지(손양원목사와 그의 두 아들)-
손양원목사순교기념관 순이다. 이 순서로 답사를 하면 애양원을 어느
정도 이해할 수 있다.
애양원에 있는 애양교회와 애양원역사관(옛 애양병원)이 근대문화

1. 1953년 건립된 토플하우스
2. 애양병원 설립자 및 원장들 기념비
3. 애양교회(성산교회, 등록문화재 제32호)
4. 애양원역사관(등록문화재 제33호)

유산으로 지정되어 있다.

여수 애양교회

일제 강점기 서구 선교사들에 의해 건축된 교회건축으로 여수에서는 보기 드문 건물형태를 나타내며 근대 한국선교사의 중요한 발자취를 남기고 있다. 이 건물은 증·개축으로 당시의 모습을 그대로 간직하고 있지 않으나, 석조에 의한 기본골격과 창문의 형태 등은 원형을 그대로 유지하고 있다. 애양원교회 건물은 애양병원과 함께 1926년 윌슨·엉거 의료선교사에 의해 광주에서 이전해 세워진 예배당으로 애양원의 부속 전도실로 출발하였다. 현재 애양원교회의 이름은 성산교회이다. 신도들인 한센병 1세대 환자들이 모두 고령이어서 이들이 세상을 떠나고 난 뒤 다음 세대를 위해 한센병과 무관한 이름으로 바꾸었다고 한다.

애양원역사관

1909년 광주에서 시작된 한센병 치료 병원이 1928년에 현재의 애양원으로 이주했다. 이주해서 현재 현대식 병원이 세워지기 전까지 한센 환우들을 치료했던 병원이 이 건물이다. 초기에는 전기불도 없어서 수술실 천장에 빛이 들어오게 해서 수술을 했다. 또한 수도 시설이 되어 있지 않아서 물을 길러다가 사용했다. 지금과 같은 현대식 시설이 갖추어지지 않았지만 원장들의 사랑의 치료로 인해서 놀라운 치료의 효과가 나타나게 되었다.

이 건물은 1926년 광주에서 이주하여 병원으로 신축했던 것으로 1999년 애양원의 역사관으로 개조하였다. 당시의 의료기구와 사진 자료 등을 전시하고 있다. 이 건물은 상부구조가 다소 변형된 점은 있으나 골조는 원형을 그대로 유지하고 있어 1900년대 초기 우리나라 의료 선교사의 소중한 자료로서 가치가 높으며, 건물 주체가 일본인이 아닌 서구인으로 여수 지방의 희귀 건물이다.

| 참고문헌 |

거북선대축제보존회, 『이충무공과 전라좌수영 논문자료집: 이충무공 순국 400주년 기념』, 거북선
대축제보존회, 1998.

권상노 편, 『한국사찰전서』, 동국대학교 출판부, 1979.

김계유, 『여수·여천발전사』, 반도문화사, 1988.

김광수, 『한국기독교인물사』, 기독교문사, 1974.

김양선, 『한국기독교사연구』, 기독교문사, 1971.

사찰문화연구원, 『전통사찰총서 6』, 사찰문화연구원, 1996.

순천대학교박물관, 『문화유적분포지도-여수시』, 2003.

여수시, 『이충무공과 여수 오충사 : 학술조사 보고서』, 여수지역사회연구소, 여수시, 2006.

여수지역사회연구소 편, 『여수시문화재도록』, 여수시, 2001.

이고운, 『명산고찰따라』, 신문출판사, 1982.

조선대학교박물관, 『여수시의 문화유적』, 여수시·조선대학교박물관, 2000.

진옥, 『(호국의 성지)흥국사』, 흥국사, 1989.

한국고고미술사연구소, 「흥국사의 불교미술」, 『미술사학지』 1집, 1993.

한국관광문화연구소, 『한국의 명산대찰』, 국제불교도협의회, 1982.

문학과 예술

생사와 명운을 건 7년 전쟁의 기록

- **시대** 조선시대
- **기록일자** 1592년 1월 1일 ~ 1598년 11월 17일
- **체재** 7책, 필사본
- **종목** 국보 제76호(서간첩 1책, 임진장초 1책 포함)

난중일기의 구성

이순신이 임진왜란 중에 기록한 군중일기이다. 임진왜란 연구에 없어서는 안 될 귀중한 기록으로 1962년 12월 20일 국보 제76호로 지정되었다. 임진왜란이 일어난 해인 1592년 1월 1일부터 전사하기 이틀 전인 1598년 11월 17일까지 기록했다. 본래 제목이 없었으나 1795년(정조 19년) 왕명으로 『이충무공전서(李忠武公全書)』를 간행하면서 『난중일기』라는 이름이 붙여졌다.

현재 전하는 친필 초고 『난중일기』 중 제1책 「임진(壬辰)일기」는 1592년(선조 25년) 5월 1일부터 1593년(선조 26년) 3월까지의 27매, 제2책 「계사(癸巳)일기」는 1593년(선조 26년) 5월 1일부터 9월 15일까지의 30매, 제3책 「갑오(甲午)일기」는 1594년(선조 27년) 1월 1일부터 11월 28일까지의 52매, 제4책 「병신(丙申)일기」는 1596년(선조 29년) 1월 1일부터 10월 11일까지의 41매, 제5책 「정유(丁酉)일기」는 1597년(선조 30년) 4월 1일부터 10월 8일까지 27매, 제6책 「속(續)정유일기」는 1597년(선조 30년) 8월 4일부터 1598년(선조 31년) 1월 4일까지 20매, 제7책 「무술(戊戌)일기」는 1598년(선조 31년) 9월 15일

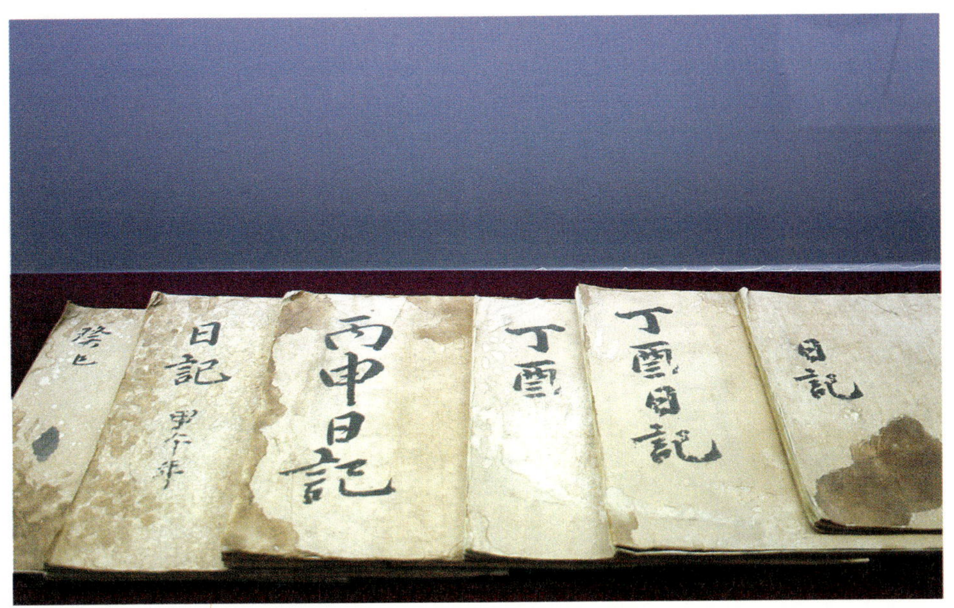

부터 10월 7일까지 8매로 구성되어 있다. 현재 충청남도 아산시 염치읍 백암리(白岩里) 현충사(顯忠祠)에 소장되어 있다.

난중일기와 이충무공전서

『난중일기』에는 두 가지 종류가 있는데, 하나는 아산 현충사에 보관되어 있는 이충무공의 친필 초고본이고, 다른 하나는 『이충무공전서』에 실려 있는 것이다. 원래 충무공은 단지 일기를 썼을 뿐 특정한 이름을 붙였던 것이 아니다. 1795년(정조 19년) 윤행임(尹行恁)과 유득공(柳得恭)의 주도로 『이충무공전서』를 편찬하면서 권5에서 권8까지를 『난중일기』라고 명명한 다음부터 이 이름으로 부르게 된 것이다.

그런데 이충무공의 친필 초고본과 『이충무공전서』에 수록되어 있는 내용 간에는 상당한 차이가 있다. 『이충무공전서』의 편찬자들이 친필 초고를 정자로 베껴 판각할 때에 생략해버렸기 때문이다. 거꾸로 『이충무공전서』에 수록되어 있는 내용이 정작 충무공의 친필 초고본에는 없는 경우도 있다. 즉 임진(壬辰)년 정월 1일부터 4월 22일까

『난중일기』. 7년간 왜적과 싸우면서 틈틈이 계속하여 기록한 『난중일기』에는 국난을 극복하고자 한 이충무공의 엄격하고도 지적인 진중생활이 평이한 문장으로 잘 드러나 있다.

난중일기 **193**

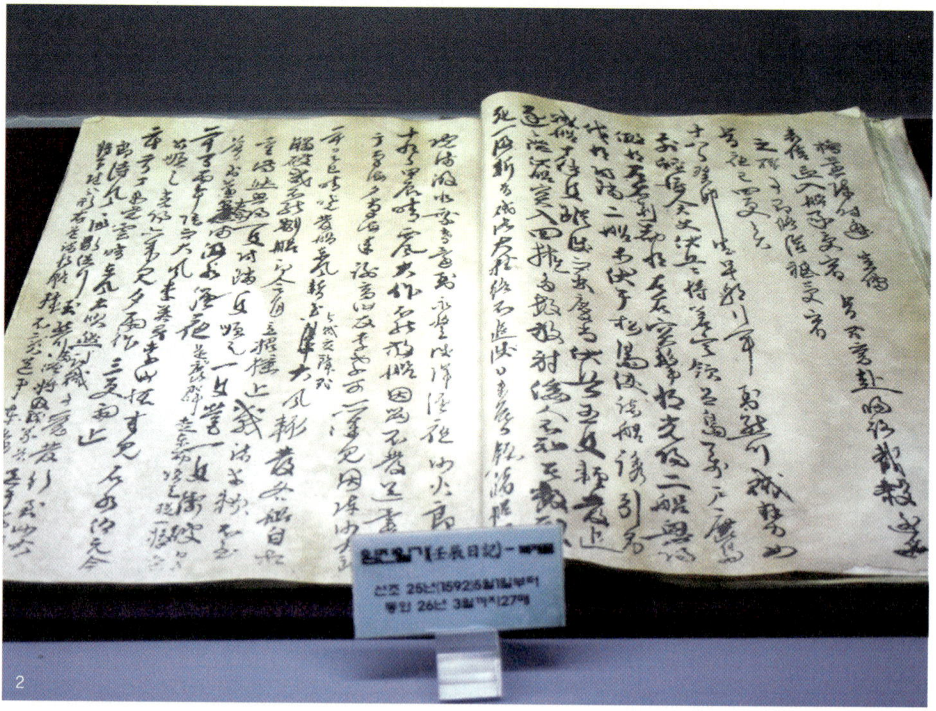

1. 『이충무공전서』
2. 『난중일기』 중 제1책
「임진(壬辰)일기」
『난중일기』에는 두 가지
종류가 있는데, 하나는 아
산 현충사에 보관되어 있
는 이충무공의 친필 초고
본이고, 다른 하나는 『이충
무공전서』에 실려 있는 것
이다.

지, 그리고 을미(乙未)년 1년 동안과 무술(戊戌)년 10월 8일부터 12일까지가 누락되었는데, 이는 편찬 작업과정이나 그 후에 유실된 것 같다. 친필 초고본의 5권과 6권의 두 권은 모두 정유일기인데, 6권에는 겉장이 없이 첫 장에 '정유'라고 표기되어 있을 뿐이며 5권과 8월 4일부터 10월 8일까지가 중복되어 있다. 그 까닭은 분명하지 않으나, 5권에 잘못 적힌 간지(干支)가 나타나고 6권의 내용이 비교적 자세하다는 점으로 볼 때, 나중에 충무공이 기억을 더듬어 보완했던 것으로 추측된다.

난중일기의 내용과 가치

7년간 왜적과 싸우면서 틈틈이 계속하여 기록한 『난중일기』에는 국난을 극복하고자 한 이충무공의 엄격하고도 지적인 진중생활이 평이한 문장으로 잘 드러나 있다. 특히 유비무환의 진중생활, 인간 이순신의 적나라한 감정과 생각, 부하를 사랑하고 백성을 아끼는 마음, 부대와 부하에 대한 사심 없는 통솔의 원칙, 전란 중의 사회현실, 정부의 실책과 국정에 대한 솔직한 간언, 군사행동과 전투상황에 대한 정확한 기록, 가족·친지·부하장졸·내외 요인들의 내왕 관계, 정치·군사에 관한 서신교환 등이 생생하게 수록되어 있다.

『난중일기』는 1,604일 동안 개인의 생사와 국가의 명운을 걸고 싸우던 기록일 뿐만 아니라 뛰어난 문장과 필체로도 높이 평가받고 있다. 무엇보다도 수군통제에 관한 군사비책과 전황을 보고한 장계의 초안 등이 상세히 수록되어 있어 당시 군사제도를 비롯한 전란 전반과 당시의 정치·경제·사회·문화·군사 등에 대한 사료로서 전쟁사 연구의 대상 이상의 매우 높은 사료적 가치를 지니고 있다. 또한 무인의 글답게 간결하면서도 진정성이 묻어나는 문체와 기개는 예술품으로서도 뛰어난 가치를 지니고 있다.

민중의 애환이 스민 노래

• **작자** 유탁 혹은 휘하 군사
• **종류** 속요
• **제작연도** 고려말엽

장생포곡의 유래

장생포곡은 고려속요 중의 하나이다. 가사나 곡조는 불명인 채 제목만이 전해 내려온다. 아울러 사서에는 그 탄생에 얽힌 비화라 할 역사적 사건이 함께 기록되어 눈길을 끈다. 속요가 대중의 사랑 속에 널리 노래 불리었던 데에는 그만한 까닭이 있게 마련이려니와, 장생포곡의 경우 그 배경이 되는 설화에 그리 된 연유가 담겨 전하는 셈이다.

장생포곡이 처음 노래 불리기 시작한 것은 고려말엽이었다. 당시는 왜구의 침략이 매우 자심한 시기였다. 장생포곡 역시 그러한 시대적 배경 속에서 잉태되었을 것임은 이를 나위가 없다. 왜구를 물리친 장수의 은덕을 기리며 대중 사이에서 유행한 속요였다. 유탁(柳濯)이 바로 그 장수인데, 그는 전라도에 주둔해 왜구를 방어하면서 위엄과 은혜로 휘하를 통솔함으로써 사졸들의 존경을 받았다고 한다. 강진(康津)의 만덕사(萬德社)에 쳐들어와 살육과 약탈을 자행한 다음 물러가는 왜구를 쫓아가 포획한 일이 있은 다음부터는, 왜구들마저 그가 주둔한 곳은 다시 침범하지 않을 정도였다고도 한다. 아군은 물론 적군조차 위엄으로 굴복시킨 뛰어난 장수였던 셈이다.

장생포 현재 모습.
장생포는 지금 존재하지 않는다. 오늘의 여수시 시전동·안산동·소호동으로 둘러싸인, 여천선소유적을 포함한 작은 만에 위치하던 사라진 옛 포구이다.

그러한 유탁이 전라도에서 주둔 중이던 어느 때, 왜구가 순천부(順天府)의 장생포(長生浦)를 약탈하고자 쳐들어 왔다. 한데 유탁이 구원병을 이끌고 나타나자, 멀리서 그를 바라보기만 하고도 두려워하며 즉시 물러가 버렸다고 한다. 그러자 군사들이 기뻐하며 부른 노래가 장생포곡이라는 것이다. 자료에 따라서는 이 속요를 지은 것이 유탁 휘하의 군사라는 둥 혹은 유탁 자신이라는 둥 이설이 있지만, 결국은 군사를 포함한 대중들이 유탁의 공적을 칭송하며 애창함으로써 널리 알려졌으리라는 사실에는 변함이 있을 수가 없다. 작은 피해도 없이 왜구가 스스로 물러가도록 만든 장수 유탁의 은덕을 기리고자 하는 군사와 지역민들에 의해 자연스럽게 유포되어간 노래가 곧 장생포곡이었던 것이다.

이 노래의 지리적 배경으로 나오는 장생포는 지금 존재하지 않는다. 오늘의 여수시 시전동·안산동·소호동으로 둘러싸인, 여천선소유적을 포함한 작은 만에 위치하던 사라진 옛 포구이다. 장생포는 한때 여수반도 최대의 포구였다. 늦어도 고려말 조선초 여수현의 관문이자, 왜구를 피해 돌산도에서 나온 돌산현이 머물던 곳이었다. 그처럼

장생포의 현재 모습. 장생포곡은 고려말엽을 살아가던 민중의 애환이 스민 노래이다. 끊임없는 왜구의 침입과 약탈 및 그에 더해진 관리와 군 지휘관의 탐학에서 자신들을 구해줄 위인이 출현하기를 기다리는 염원의 소산이었다.

고을의 치소에 버금가는 중요한 지역이었기에 일찍부터 왜구의 잦은 약탈 대상이었으며, 그런 만큼 그곳을 아무런 피해 없이 지켜낸 유탁이 지역민들에 의해 높이 숭앙되었을 것임은 불문가지이다. 그 지은 이가 누구이든, 장생포곡이 탄생하고 또한 널리 애창되어 결국 악부(樂部)에 올라 지금까지 그 유래와 더불어 제목이나마 전해지게 된 주요한 배경은 바로 그것이었다.

장생포곡과 고려속요 동동(動動)

여수의 장생포를 배경으로 탄생한 장생포곡을 두고 고려속요 동동과 연관시켜 생각하는 경우가 종종 있어 왔다. 장생포곡의 유래에 얽힌 역사적 사실을 동동의 항목에다 수록한 『증보문헌비고』에 근거한 견해이다. 『증보문헌비고』의 기록을 그대로 믿는 입장에서는 심지어

유탁이 지었다는 '장생포곡'과 유탁 휘하의 군사들이 지었다는 '장생
포가'를 별개의 시가(詩歌)로 구분한 다음, 후자를 고려속요 동동의
이칭 즉 '장생포가'와 동일한 시가라고까지 주장하는 실정이다.

　　그러나 '장생포곡'과 '장생포가'를 별개의 시가로 구분해서 이해
하려는 것은 아무래도 지나치다. 동일한 노래를 '○○곡'이니 혹은
'○○가'니 하여 그처럼 달리 칭하는 것은 예나 지금이나 드물지 않
다. 무엇보다 그러한 이해의 출발이 되는 『증보문헌비고』의 고려속악
동동과 장생포곡에 관한 기록 자체부터 문제가 적지 않다. 해당 부분
은 『증보문헌비고』 중 18세기 말에서 19세기 초엽에 증보한 내용인
데, 모두 『고려사』에서 따온 것이다. 『증보문헌비고』의 동동은 『고려
사』(권71) 악지(樂志)의 장생포곡에서, 그리고 『증보문헌비고』의 장생
포곡은 『고려사』(권111) 열전(列傳)의 유탁 전기에서 각각 관련 내용
을 거의 그대로 옮겨 실었다. 그런데 편찬의 시기가 훨씬 앞서는 『고
려사』의 장생포곡 관련 내용을, 후대에 편찬된 『증보문헌비고』에서는
어떤 근거도 제시하지 않은 채 장생포곡이 아닌 동동에 옮겨 실었다.
그나마도 유탁이 전라도에서 활동하던 시기의 사실을 경상도 합포만
호였을 적의 일로 잘못 기록하였다. 또한 『증보문헌비고』의 장생포곡
항목에서는 『고려사』의 유탁 전기를 옮겨 실으면서 문장을 잘못 끊
어 읽음으로써, 장생포곡이 엉뚱하게도 강진 만덕사와 관련되는 노래
인 양 기록하여 더욱 혼란을 부추기기도 하였다. 『동국문헌비고』를
증보하는 과정에서 초래된 실수임이 분명해 보이는 것이다.

　　『고려사』 악지에 따르면, 동동에는 그만의 곡조와 춤이 존재하였
다. 무엇보다 '장생포가'가 아닌 '동동사(動動詞)'라는 나름의 가사
를 갖고 있었다. 그리고 그러한 동동에 이어 11곡의 고려속요가 수록
된 다음에 비로소 장생포곡이 나온다. 장생포곡과 동동이 동일한 노
래였다면, 동일한 『고려사』 악지 고려속요의 항목에 그처럼 나란히
함께 수록되었을 리가 만무하다. 그러한 모순을 피하고자 '장생포곡'
과 '장생포가'를 별개로 구분하고는 악지의 '장생포곡'이 아니라 열
전(柳濯傳)의 '장생포가'를 동동과 동일한 것으로 이해하기도 하지
만, 그것이 구차스럽다 함은 이미 말한 대로이다. 장생포곡과 동동이
동일한 속요임을 암시하는 내용은 『고려사』의 어디에서도 찾아볼 수

가 없는 것이다.

장생포곡이 동동과 전혀 다른 고려속요임은 거의 분명하다. 18세기 말 내지 19세기 초엽에 작성되었으며, 그나마도 원자료를 잘못 옮겨 실은 기록에 근거하여 양자를 연관시키는 것은 위험해 보인다. 적어도 '동동사' 즉 현전하는 동동의 가사가, 유탁 및 여수의 장생포를 배경으로 형성된 장생포곡의 가사와 연결될 가능성은 거의 전무하다고 하여 지나치지 않다. 다만 동동이 북소리를 뜻하고, 또한 장생포곡을 노래 부를 적에 북으로 장단을 맞췄다는 정도에서라면 얘기는 달라질 수가 있다. 현전하는 고려속요 동동과의 분명한 구별을 전제로, 북 장단에 맞춰 부르는 즉 동동 울리며 부르는 노래라는 의미에서 장생포곡을 동동과 연관시킬 가능성마저 무시할 수는 없어 보인다. 하지만 그것도 증거가 없기는 매한가지이며, 굳이 구차스러움을 무릅쓰면서까지 그처럼 동동이라는 명칭에 매달릴 필요가 있는 것인가는 거듭 숙고할 일이다.

장생포곡의 의의

장생포곡은 고려말엽을 살아가던 민중의 애환이 스민 노래이다. 끊임없는 왜구의 침입과 약탈 및 그에 더해진 관리와 군 지휘관의 탐학에서 자신들을 구해줄 위인이 출현하기를 기다리는 염원의 소산이었다. 재산을 빼앗기고 생명에 위협을 받으며 하루하루를 연명하는데 급급해야만 하는 고단한 삶에서 벗어나기를 희구하며 부른 노래이자, 한때나마 자신들의 그러한 희망이 달성되었을 때 기쁨에 겨워 부르던 노래였다.

유탁은 기율을 엄정히 하여 관리나 군인들이 주민을 괴롭히지 못하도록 제어하는 데 힘을 쏟았다고 한다. 그리고 그러한 공으로 공민왕(恭愍王)에게서 포상까지 받았다. 게다가 싸움 한번 없이 왜구를 물리침으로써 주민들에게 아무런 피해가 돌아가지 않도록 하였다. 고단한 나날의 연속이던 민중에게는 유탁이야말로 자신의 희망을 실현시켜 줄 이상적인 인물로 비쳐졌음직한 것이다. 장생포곡이 불리기 시작한 유래이자, 그것이 널리 여수 지역사회에서 애창되기에 이른 배경이다. 나아가 이 노래가 여수 지역을 넘어 중앙에까지 알려지고 마침내 기록에 오름으로써 오늘에까지 전해질 수 있었던 것은, 유탁과 같은 인물이 출현하여 자신들을 구제해주기를 바라는 민중의 희원이 그만큼 강렬하였음을 반증한다. 그러했기에 여수 지역을 넘어 다른 지역의 주민들도 장생포곡을 애창하기에 이르렀고, 그리하여 수도 개경에까지 전해졌던 것이 아닌가 헤아려지는 것이다.

'올래보자 이 그물을 당거주소'

- **종목** 전라남도 무형문화재 제1호
- **종류** 노동요
- **지정일** 1972년 1월 29일
- **소재지** 여수 삼산면 서도리 일원

노동요로서의 거문도뱃노래

거문도는 여수항에서 남쪽으로 100여km 떨어진, 제주도와 여수의 중간에 있는 섬으로 과거에는 흥양(興陽, 현재의 고흥)에 속했었다가, 1896년 돌산군, 1914년 여수군을 거쳐 1998년 4월 통합 여수시가 탄생하면서 여수시 삼산면에 속하게 된 지역이다. 거문도는 19세기 후반 영국-러시아 간의 쟁탈전으로 조선 정부를 힘겹게 했던 역사를 지니고 있는 섬이다.

거문도뱃노래는 거문도의 어민들이 고기를 잡으며 부르는 노동요 중 하나로 순박하면서도 강인하고 힘찬 어민의 기질과 정서가 그대로 투영되어 있다. 일할 때 부르는 노동요는 일의 고됨을 잊고 협동심을 불러일으켜 능률을 오르게 하는 기능을 한다. 잘 알려진 노동요로는 전라도 지방의 농부가, 뱃노래, 방아타령, 베틀노래가 있고, 황해도 지방의 감내기, 평안도와 함경도 지방의 호미타령 등이 있으며, 전국적으로는 노동과정 상의 모든 작업에 걸맞은 다양한 양태노래, 바느질노래, 길쌈노래 등이 있다. 뱃노래는 노동의 양상이나 지역에 따라 다양하게 불리고 있는데, 그 기능에 따라서 '배닦는소리', '닻올리는

1. 거문도뱃노래
2. 안노루섬과 고두리영감
거문도뱃노래는 거문도의
어민들이 고기를 잡으며
부르는 노동요 중 하나로
순박하면서도 강인하고 힘
찬 어민의 기질과 정서가
그대로 투영되어 있다.

소리', '노젓는소리', '그물당기는소리', '고기푸는소리', '고기터는
소리', '배치기소리(풍장소리)', '시선뱃노래' 등으로 나눌 수 있다.

거문도뱃노래는 여수시 삼산면 일대에서 널리 부르던 노래로, 1968
년 전남대학교 지춘상 교수팀이 조사·발굴하였고 여러 지역에서 거행
된 민속경연대회를 거치면서 그 우수성을 인정받아 1972년 1월 전라
남도 무형문화재 제1호로 지정되었다. 그 후 1976년 제8회 남도문화제
에 거문도뱃노래, 1978년 제10회 남도문화제와 1979년 제20회 전국민
속예술경연대회에서 '거문도술비소리'가 출전하여 입상하면서 그 명

성이 널리 알려지게 되었다. 여수 지역의 민속연희 중에서 가장 먼저 남도문화제와 전국민속예술경연대회에 출연한 것이기도 하다. 현재 삼산면 서도리 서도마을 내에 거문도뱃노래전수관이 자리하고 있다.

거문도뱃노래의 구성과 음악적 구조

거문도뱃노래는 '술비소리', '고사소리', '늦은놋소리', '자진놋소리', '올래소리', '가래소리', '썰소리', '어영차소리' 등으로 구성된다. 거문도뱃노래는 농민들의 농요처럼 선소리꾼이 소리를 메기면 다른 어부들이 뒷소리를 받는 구조로 되어 있다. 반주악기로는 북, 꽹과리, 장구 등이 쓰인다.

'술비소리'는 풍어를 빌면서 배에서 쓸 밧줄을 꼬면서 부르는 소리로, 선소리꾼이 두 장단을 메기면 다른 어부들이 "에야라 술비야" 하고 받는다고 하여 '술비소리'라고 부른다. 이 소리는 두 가지가 있는데, 외가닥 줄을 꼴 때 부르는 '에야라술비야'와 외가닥으로 된 줄을 세 겹으로 꼬아 큰 줄을 만들 때 부르는 '에헤에술비'가 그것이다. '에야라술비야'는 3소박 6박자로 세마치장단에 어울리고 '에헤에술비'는 3소박 4박자의 중중모리에 어울리며 육자백이토리이다. 노랫말은 "(뒷소리) 에야라 술비야 // (앞소리) 에야라 술비야 / 어기영차 술비로세 / 술비소리를 잘 받고보면 / 팔십면 기생이 수청을 드네 // (앞소리 또는 합창) 술비여 허~ 허~ / 술비 여허루 사 에에헤루 / 술비여 에라야 술비야 / 에야디야라 술비야…"이다.

'고사소리'는 출어 전에 용왕에게 풍어를 기원하며 부르는 노래로, "서천국 사마세계 해동조선 전라좌도 군은 여천군 면은 삼산면 앉은 관은 서도리 ○○○ 선왕께 구축발원은 다름이 아니오라 악살 희살 모진놈의 관제구설 해담욕설 우환자작 근심수를 일시에 소멸시켜 주시옵고 돛대 위에 봉기 꽂고 봉기 위에 연화받게 점지하여 주옵소서" 하는 축원으로 시작한다.

'놋소리'는 어부들이 배를 타고 노를 저으면서 부르는 노래로 '늦은놋소리'는 중중모리장단에 가깝고 '자진놋소리'는 자진모리장단에 가깝다. 노랫말은 "(뒷소리) 에야뒤야 // (앞소리) 에야뒤야 / 어기영

거문도뱃노래 전수관
거문도뱃노래에는 어민들의 희로애락이 순수하고 토속적인 노랫말과 선율에 잘 묻어나 있다.

차 어서를가세 / 가자가자 어서가세 / 어장터로 어서를가세 / 어기여라 뒤여라 // (뒷소리) 어기야 뒤여…"로 이어진다.

'올래소리'는 바다에 쳐놓은 그물을 어부들이 힘을 합하여 한 가닥씩 끌어당겨 배에 올려놓으면서 부르는 노래로 메나리토리이며, 3소박 4박자의 중중모리장단형이다. 이를 '올래소리'라고 부르는 것은 도사공이 한 장단을 메기면 다른 어부들이 뒷소리로 "월래보자"라고 받는 것에서 나온 것으로, 노랫말은 "(뒷소리) 올래보자 // (앞소리) 올래보자 / 이 그물을 당거주소 / 이 그물 안 헝클어지게 어서 당그소 / 헝클어지면 어장을 못하네…"로 이어지며, '올래보자'는 '올려보자'라는 뜻이다.

'가래소리'는 그물에 걸린 고기를 가래로 퍼 올릴 때 부르는 노래로 세마치장단형에 육자백이토리이다. 노랫말은 "(뒷소리) 어랑성 가래야 / (앞소리) 어랑성 가래야 / 여기도 퍼 실고 저기도 퍼 실고 / 이 가래가 뉘 가랜고…"로 이어진다.

'썰소리'는 만선이 되어 입항할 때 조용히 부르는 노래로 세마치장단형에 육자백이토리이다. 노랫말은 "(뒷소리) 에 헤~ 어기요~ // (앞소리) 에 헤~ 어기요~ / 우린 줜네 마누래가 // (뒷소리) 예~ // (앞소리) 궁둥이질 친다 // (뒷소리) 예~ // (앞소리) 에 헤~ 어기요~ / 멸치잡어 보리 폴고 // (뒷소리) 예~ // (앞소리) 쌀을 폴아 자식들 묵고…"로 이어진다.

'어영차소리'는 만선이 되었을 때 포구 가까이 다가가면서 부르는 노래이며, 자진모리장단형에 육자백이토리이다. 노랫말은 "(뒷소리) 어영차 // (앞소리) 어영차 / 어야디야차 / 만선이다 만선이다 / 만선이 되었으니 / 이웃집 마누래 / 궁둥이 추머…"로 이어진다. 이외에도 고기를 육지에 내리면서 부르는 '받아라소리'도 있다.

거문도뱃노래에는 이렇듯 어민들의 희로애락이 순수하고 토속적인 노랫말과 선율에 잘 묻어나 있다.

| 참고문헌 |

21세기웅진학습백과사전 한국사 편집위원회, 『21세기웅진학습백과사전 3 : 한국사』, 웅진출판사, 1998.

김동현, 「이충무공전서해제」, 『완역이충무공전서 상』, 성문각, 1987.

김성식 외, 『남도민속의 세계』, 민속원, 2005.

김준옥, 「'장생포'와 '동동'」, 『한국언어문학』 35, 1995.

______, 「고려시대 가요 '장생포'의 창작 배경에 관한 연구」, 『한국언어문학』 44, 2000.

나승만, 「거문도뱃노래의 민속지」, 남도민속학회 126차 월례발표회, 2009. 1. 30.

여수시·조선대학교 박물관, 『여수시의 문화유적』, 2000.

여수·여천향토지편찬위원회, 『여수·여천향토지』, 1982.

이은상, 「난중일기 해설」, 『완역이충무공전서 상』, 성문각, 1987.

이혜화, 「이론을 중심으로 한 '동동'론」, 『한성어문학』 2, 1983.

임기중, 「'장생포'에 대하여」, 『국어국문학』 68-69, 1975.

장진호, 「'동동'고」, 『새국어교육』 40, 1984.

전남향토문화대백과사전편찬위원회, 『전남향토문화대백과사전』, 전라남도·전남대학교 호남문화연구소, 2002.

최덕원, 『남도민속고』, 삼성출판사, 1990.

최정삼, 「'동동'의 지역 축제 연출 가능성과 그 개발 방안」, 『고시가연구』 18, 2006.

한국문화상징사전편찬위원회, 『한국문화 상징사전 1·2』, 두산동아, 1992, 1995.

한국정신문화연구원 편, 『전라남도의 향토문화 상·하』, 한국정신문화연구원, 2002.

음식

36 갯장어

몸을 보하는 경도(鏡島)의 갯장어

• **분류** 뱀장어목 갯장어과
• **산란기** 5~7월
• **제철** 6~11월(7~8월)
• **요리** 회, 데침회(일명 유비키)

갯장어의 특징

우리나라에서는 흔히 갯장어라고 부르지만 지역별로 다양한 방언을 가지고 있다. 경남, 전남, 부산 등지의 남부지방에서는 해장어(海長魚), 개장어, 놋장어, 녹장어, 뱀장어(부산, 김천), 갯붕장어(다대포), 이장어(통영), 참장어(여수) 등이 그것이다. 한편 중국에서는 해리(海鱺), 해만(海鰻)이라 쓰며, 영어로는 콩거 파이크(conger pike), 실버 이일(silver eel)로 부른다. 또 아무것이나 잘 무는 습성에서 '물다' 라는 뜻의 일본어 '하무' 라는 말에서 비롯된 '하모(hamo)' 라는 호칭도 있다. 실제로 갯장어는 몸통을 절단해도 머리를 쳐들어 물려고 하는 습성을 보인다. 특히 여수에서는 갯장어보다 하모라고 부르는 경향이 있다.

몸은 원통형으로 가늘고 길며, 뒤로 갈수록 옆으로 납작하다. 주둥이는 길고 입이 크다. 2~3줄의 이가 있고 앞쪽에는 크고 강한 송곳니가 있으며 양턱의 앞 끝이 구부러져 있다. 배지느러미는 없고, 몸에는 비늘이 없다. 등은 다

갈색 또는 회백색, 배는 흰색을 띤다. 옆줄에는 전부 146~154개 정도의 감각공이 있다. 갯장어는 붕장어와 모양이 비슷한데, 그 차이점은 붕장어의 옆 줄 위에 있는 흰 점이 갯장어에게는 없다는 점이다. 또 주둥이가 붕장어보다 길쭉하고 이빨은 붕장어보다 크고 예리하다. 갯장어는 다소 검고 크기도 붕장어보다 크고, 큰 것은 2m까지 자란 것도 있다.

허준은 『동의보감』에서 갯장어를 해만(海鰻)이라고 기록하였으며, "악창과 옴, 누창을 치료하는데 뱀장어와 같다"라고 설명하였다. 정약전의 『자산어보』에는 견아려(犬牙鱺)라고 하면서 "입은 돼지 같이 길고 이빨은 개처럼 고르지 못하다"라고 했다.

갯장어는 모래 바닥보다 바위가 많은 곳에 서식한다. 외해보다 내해에 많으며 수심 20~50m 깊이의 모래 진흙바닥과 암초 사이에 살고 있지만 때로는 깊은 바다로 이동하기도 한다. 갯장어는 바위틈에 숨어 지내다가 밤이 되면 활동을 시작하며 물고기나 조개류를 잡아먹는다.

갯장어는 제주도 남방해역에서 겨울을 보내고 봄이 되면 중국 연

갯장어는 모래 바닥보다 바위가 많은 곳에 서식한다. 외해보다 내해에 많으며 수심 20~50m 깊이의 모래 진흙바닥과 암초 사이에 살고 있지만 때로는 깊은 바다로 이동하기도 한다.

안 또는 우리나라 서남해안으로 북상했다가 가을에 다시 남하한다. 따라서 제주도를 제외한 다른 지역의 경우 겨울에는 거의 찾아볼 수 없고 여름에 주로 여수 지역을 중심으로 한 남해 일부 해안 지방에서만 어획된다. 때문에 갯장어는 다른 지역 사람들에게는 매우 생소하다. 양식은 이루어지지 않으며, 야간에 트롤어업이나 주낙, 통발 등을 이용해 잡는다. 6~11월 사이에 수확량이 많다.

특히 일본 간사이 지방 사람들이 7~8월에 매우 즐기는데, 값이 너무 비싸서 서민들이 즐기는 음식은 아니다. 한국산 갯장어를 가장 높이 쳐주는데, 여수 경도(鏡島)가 가장 유명하다. 이 섬은 일제 강점기에 갯장어 잡이 전초기지 역할을 했을 정도로 최고 품질의 갯장어 산지로 유명하다. 또 일제 강점기에는 갯장어를 '수산통제어종'으로 지정하여 우리나라 사람들이 함부로 잡거나 유통시키는 것을 금지했으며, 어획량이 저조할 경우 배 밑창까지 조사할 정도였다고 하니 갯장어에 대한 그들의 관심을 짐작할 수 있다. 지금도 갯장어를 먹기 위해 이곳을 오는 일본인 관광객이 많다고 한다.

장어류는 예로부터 보신식품으로 잘 알려져 있다. 단백질, 지방, 비타민 및 미네랄이 풍부하기 때문이다. 이 영양소들은 인체의 저항력을 높여주고 피부가 거칠어지는 것을 예방하며, 노화를 방지하는 효과가 있다. 특히 갯장어는 단백질과 비타민A가 매우 풍부한 것으로 알려져 있다. 또한 EPA, DHA의 함량이 높이 혈관에 생기는 혈전을 예방하는 데 좋다고 한다.

경도와 참장어 요리축제. 갯장어는 여수 경도(鏡島)에서 잡힌 것이 가장 유명하다.

갯장어 요리

참장어회

우선 살아 있는 갯장어의 숨을 죽인 후 몸체의 껍질을 벗기고 내장과 머리, 몸통뼈를 떼어낸 다음 깨끗한 천으로 몸체의 수분을 제거한다. 칼날이 잘 세워진 회칼로 잘게 썰어서 초장이나 쌈장, 고추냉이(와사비) 등에 찍어 야채나 양파 등과 곁들여 먹는다. 특히 여수에서는 회를 초고추장에 발라 양파에 얹고 마늘을 놓아먹는 방법을 선호한다. 이때 몸체의 결을 따라 잘게 썰어서 잔뼈가 씹히지 않도록 크기를 잘 조절해야 한다. 회는 씹을수록 고소하고 단맛이 난다.

참장어데침회(유비키, 참장어샤브샤브)

살아있는 갯장어를 숨을 죽인 후 껍질을 벗겨 뼈를 발라내어 냄비에 물을 붓고 육수를 끓인다. 몸통 크기에 따라 다소 다르지만 길이 5~6cm, 너비 2~3cm 크기로 잘라 나무 접시에 가지런히 담는다. 회를 만들 때 남은 머리와 뼈, 껍질을 넣어 국물을 우려내는데, 육수가 끓으면 뼈는 걸러내고 대추, 녹각, 마늘, 양파, 된장 약간을 넣는다. 갯장어와 부추(여수 사투리로는 '소불')를 끓는 물에 살짝 데쳐서 양념장에 찍어 양파에 얹어 먹는다. 이때 육수에 장어를 오래 넣어두면 살이 부서져 버리기 때문에 주의해야 한다. 데침회는 담백한 맛과 함께 부드러운 육질로 입 안에서 살살 녹는다. 끓는 국물에 막 데쳐낸 갯장어는 마치 눈꽃송이처럼 하얗게 흰 살을 드러내 먹음직스럽다. 내장까지 익혀서 먹는데 그 맛도 일품이다. 데침회를 먹고 난 뒤 밥 대신 불려둔 쌀을 마지막 국물에 넣어 죽을 쑤어 먹기도 하고, 라면을 넣어 먹기도 한다.

쫀득하고 달콤한 거문도 은갈치

- **분류** 농어목 갈치과
- **제철** 7~8월
- **요리** 갈치회, 갈치회무침, 갈치구이, 갈치조림, 갈치속젓

거문도는 해산물 천국이다. 그 중에서도 거문도 은갈치는 유명한 먹을거리다. 갈치는 여름에서 가을까지 거문도와 백도 연안을 떼로 다니기 때문에 그만큼 어획량도 많다. 아무리 갖은 양념을 하고 손재주를 부려 보아도 우선 생선 자체가 싱싱하지 않으면 그 맛이 떨어진다. 거문도에서의 생선 맛은 바로 잡아 올린 살아 있는 맛 그대로이기 때문에 다른 지역의 추종을 불허한다.

갈치의 특성

갈치는 농어목 갈치과의 바닷물고기이다. 언뜻 보면 갈치가 농어목이라는 것에 의아해 하겠지만, 머리만 놓고 보면 그 이유를 알 수 있게 된다. 갈치는 뱀장어나 가자미처럼 자라면서 몸의 형태가 변하는 물고기이다. 막 깨어난 새끼는 다른 물고기들과 모양이 비슷하지만, 점점 자라면서 그 모양이 띠처럼 길어지면서 어미와 같은 모양으로 변한다.

갈치의 체형은 좌우로 납작하고 꼬리로 갈수록 길쭉하다. 만 2세 정도가 되면 산란을 하고 구형의 알은 해면을 떠다닌다. 생후 4년째가 되면 체구가 1.5m에 1kg이나 되는 것도 있다. 아가미뚜껑 아래 외

거문도 은갈치와 은갈치 회, 갈치구이, 갈치찜. 거문도는 해산물 천국이다. 그 중에서도 거문도 은갈치는 유명한 먹을거리다.

곽선은 오목하다. 이러한 모양새 때문에 띠어, 칼어, 백대어 등의 다른 이름이 있다. 띠어는 허리띠의 모양에서, 칼어는 긴 칼 모양에서 유래했다. 머리는 작고, 주둥이는 뾰족하며, 아래턱이 위턱보다 돌출되었다. 양턱에는 강한 이가 많이 있다. 등지느러미는 머리 뒤에서 꼬리 부분까지 길게 이어지며 뒷지느러미도 기저부가 길다. 배지느러미와 꼬리지느러미는 없고, 꼬리의 끝부분은 뾰족하다. 측선은 가슴지느러미 부근에서 약간 심한 경사를 이루면서 휘어져 내려온다. 몸은 전체적으로 은색 광택을 갖고 있으며, 몸길이는 약 1.5m정도이다.

아무것이나 닥치는 대로 먹어치우는 잡식성인데, 정어리·전어·민어류·오징어·새우 따위를 좋아한다. 직립 상태로 헤엄치는 특이한 습성을 가지고 있으며, 가끔 머리를 아래로 움직여 W자를 그리며 움직인다. 외해의 저층부에 서식하고, 밤에는 표층으로 떠오른다. 갈치는 야행성 물고기라 달이 없을 때 더 잘 잡힌다고 한다. 서해와 남해, 전 세계의 온대와 열대 해역에 분포한다.

정약전(丁若銓)의 『자산어보(玆山魚譜)』에는 군대어(裙帶魚), 속명을 갈치어(葛峙魚)라고 기록해 놓았다. "외모는 긴 칼과 같고 큰 것은 길이가 8~9자 정도 된다. 이빨은 날카롭게 생겼으며 물리면 독이 있다. 이른바 공치의 종류이나 몸은 약간 납작하다.” 군대어라는 이름은 몸이 길쭉한 띠처럼 되어 있다고 해서 붙여진 이름이다. 갈치는 칼의 옛말이 '갈' 이기 때문에 갈치란 칼과 닮은 물고기라는 뜻이 된다. 어떤 지역에서는 '칼치' 라고 부르기도 한다. 통영에서는 '빈쟁이' 라고 부르며, 거문도에서는 여름에 많이 나는 갈치새끼를 푸치(풀치) 또는 풋갈치라고 한다. 『자산어보』에서는 비늘이 없다고 했으나 실은 온몸이 비늘로 덮여져 있어서 유린어(有鱗魚)이며 그 비늘은 어린박(魚鱗箔)이라 하여 '구아닌' 이란 색소로 매니큐어와 모조진주의 광택을 위한 원료로 쓰이고 있다.

『전어지(佃漁志)』에는 갈어(葛魚)라고 하며 “모양이 칼집에 든 칼처럼 좁고 길며, 큰놈은 사람 키로 한 길이나 된다. 비늘은 없다. 몸 빛깔은 청흑색이며 머리는 둥글고 입에는 개 이빨과 같은 날카로운 이빨이 나 있다. 아랫니와 윗니가 서로 잘 맞아 무엇이든 잘 물고, 먹이가 입 근처에 있으면 순식간에 달려들어 잡아먹는데, 번번이 놓치지 않고 잘 잡아먹는다. 배가 고프면 왕왕 제 꼬리를 잘라먹는다”라고 기록되어 있다.

거문도 어선들은 냉동 '삼마' 를 미끼로 사용하는데, 삼마란 동해안에서 과메기나 통조림으로 쓰이는 꽁치이다. 대나무를 다듬어 만든 10여m 길이의 낚싯대 한 틀에 열둘에서 열댓 개의 바늘이 달려 있다. 낙하산처럼 생긴, 질긴 천으로 만든 풍(물방, 물빵)을 뱃머리에서 조류 역방향으로 던져 천천히 흘러가면서 낚아 올린다. 잡은 고기는 얼음을 가득 채운 물칸에 곧장 집어넣는다.

갈치에는 단백질과 필수아미노산이 많아 곡류를 주식으로 하는 우리나라 사람들에게는 균형 잡힌 찬거리가 된다. 특히 고혈압, 동맥경화 및 심근경색 등을 예방하는 지방산이 들어 있어 성인병 예방에 효과적이며, 칼슘 함량이 많아 성장기 어린이에게도 아주 훌륭한 식품으로 알려져 있다. 그 밖에 나트륨, 칼슘, 인과 같은 무기질과 비타민 A, D, E, 비타민 B군이 골고루 들어있어 기억력 증진, 각기병 예방, 야맹증 예방, 빈혈과 소화불량에도 좋다고 한다.

7~8월이 제철인 거문도 갈치는 제주도 갈치와 함께 우리나라에서 가장 맛이 좋다. 7~11월 거문도 해역에서는 주로 먹갈치가 잡히는데, 워낙 싱싱해서 회로 먹어도 좋고 소금만 훌훌 뿌려 구이로도 먹는다.

매년 7월 하순 거문도 수협 물양장에서 '거문도은갈치축제'가 벌어
진다. 갈치젓, 갈치무침 등이 거문도의 특산물로 꼽힌다.

다양한 갈치요리

갈치는 잡혔다 하면 몇 시간 못 가서 숨을 거둘 정도로 성질이 매
우 급한 편이다. 그래서 갈치를 회로 즐기려면 바로 잡은 것이어야 한
다. 일단 경매가 붙여지고 나면 거문도 식당마다 갈치회를 준비한다.
뼈를 모두 발라내 포를 뜬 뒤 포 안에 들어 있는 가느다란 힘줄까지
제거해 썰어낸다. 갈치회를 만들 때 주의할 점은 갈치 비늘로 알려진
은색가루의 처리이다. 이를 잘 처리하지 않으면 복통과 두드러기를
유발할 수 있기 때문이다. 그냥 초고추장이나 고추냉이 양념을 한 간
장에 찍어 먹기도 하고 상추쌈을 하기도 한다. 살이 통통한 갈치는 씹
히는 맛이 쫀득쫀득하고 달콤해서 거문도가 아니면 다른 지방에서는
도저히 그 맛을 볼 수가 없다.

갈치회무침은 양파, 무, 오이, 당근, 마늘, 생강, 깻잎, 고추, 고추
장, 식초를 함께 버무려 만든다. 회무침은 어린 푸치(풀치)나 중치를
사용한다. 새벽녘에 낚은 것을 사다가 색소를 제거한 후, 얼음물에 담
가 기름을 빼고 냉동실에 얼려서 쓴다.

갈치조림은 성글게 썬 무나 감자 혹은 호박 등을 아래에 놓고 그 위
에 통통한 갈치를 서너 토막을 내서 마늘, 생강, 고춧가루, 간장 등과
각종 야채를 갈아서 갠 양념을 넣고 자박자박하게 물을 부어 조리면
된다. 이 때 파와 청양고추를 올려놓으면 다소 알근달근한 맛이 밴다.

갈치구이는 도막 낸 갈치에 왕소금을 흩뿌려 굽기만 하면 된다. 갈
치국은 물론 갈치가 주재료인데, 여기에 가시나물이라고 하는 엉겅퀴
어린순이 들어간다. 약용으로도 쓰이는 엉겅퀴는 거문도에 지천으로
많아서 그리 어렵지 않게 구할 수 있다.

갈치속젓은 막 잡은 풀치의 지느러미를 잘라낸 후 몸통을 칼로 다
져 내장과 더불어 굵은 소금에 절여 만든다. 거문도에선 '깡다구젓'
이라 부른다. 최소 40일간 숙성시켜야 제 맛이 난다. 조미료를 치면
맛이 없어진다.

새를 닮은 조개의 달고 개운한 맛

- **분류** 이치목 새조개과
- **산란기** 2~6월, 8~11월
- **제철** 12~3월
- **요리** 회, 구이, 데침회

새조개의 특징

발이 상당히 길어서 껍질을 까놓으면 그 모양이 작은 새와 비슷해 새조개라고 부른다. 다리가 닭고기 맛과 비슷하다 하여 조합(鳥蛤)이라고도 한다. 해방 이후 경남지역에서 대량 번식하여 인근의 어민들에게 오랫동안 중요한 수입원 역할을 하여 해방조개라고 불리기도 했다. 이 외에도 지역마다 다양한 방언으로 부른다. 부산·진해·창원 지역에서는 갈매기조개로, 해남에서는 새꼬막, 남해나 하동에서는 오리조개로 부른다. 그리고 여수에서는 일본에서 부르는 것처럼 도리가이(とりがい, 鳥貝)라고 부른다.

새조개는 각장 95㎜, 각고 95㎜, 각폭 65㎜에 달하며, 원형으로 볼록하고 얇으며 양 껍데기를 붙이면 공처럼 보인다. 껍데기표면에는 40~50개의 가늘고 얕은 방사상의 주름이 있고 이 주름을 따라 부드러운 털이 촘촘히 나 있다. 껍데기 표면은 연한 황갈색의 각피로 덮여 있고 안쪽 면은 홍자색이다. 발은 삼각형으로 길고 흑갈색이다.

정약전의 『자산어보』에는 작합(雀蛤), 속명 새조개(璽雕開)라는 것이 "큰 것은 지름이 4~5치 되고 조가비는 두껍고 매끈하며, 참새의

빛깔을 지니고 그 무늬가 참새털과 비슷하여 참새가 변하여 된 것이 아닐까 의심스럽다. 북쪽 땅에서는 매우 흔하지만 남쪽에서는 희귀하다"고 기록되어 있다.

내해의 수심 5~30m의 진흙 바닥에 살며 발을 이용해 헤엄친다. 일본, 중국의 내만이나 우리나라의 남해안에 주로 분포하고 있으며 때에 따라서는 국부적으로 그 전에 그리 많이 나지 않는 곳에 갑자기 증식하는 경우도 있다. 현재에는 여수 가막만과 충남 홍성 남당항, 고흥 득량만의 새조개가 유명하다. 자웅동체(雌雄同體)로 만 일 년이면 산란이 가능하다. 어린 조개는 연안의 얕은 곳의 펄 속에 파고 들어가 서식하며 성장하면서 깊은 곳으로 이동한다. 산란기는 2~6월과 8~11월이다.

새조개는 주로 패류형망이나 타뢰망을 이용하여 어획한다. 특별한 양식법은 개발되지 않았으며 집중적인 어획을 제한하고 어린 조개의 채취를 금지하는 정도의 관리가 이루어지고 있다. 양식이 불가능해 가격이 만만치 않아 명품 귀족조개로 통한다. 얼마 전까지는 초밥 재료로 일본으로 전량 수출되어 맛보기가 쉽지 않았지만 요즘은 국내로

새조개. 발이 상당히 길어서 껍질을 까놓으면 그 모양이 작은 새와 비슷해 새조개라고 부른다.

도 출하된다. 산란기 이후 최고로 비만해진 12월에서 3월까지가 제철이고, 주둥이가 검고 살이 두터운 것이 상품이다. 발 부위가 가장 맛이 좋으며 주로 식용한다. 초밥재료나 생식, 구이 등으로 인기가 좋으며, 깨끗이 씻어 말린 후 건조시키거나, 삶은 물을 농축하여 조미료처럼 쓰기도 한다. 씹을수록 단맛이 나고, 뒷맛은 개운하다.

새조개 데침회(샤브샤브)

새조개는 일본 사람들이 초밥으로 즐겨 먹는데, 여수에서는 데침회로 해 먹는다. 우선 내장을 제거한 후 맑은 물에 무와 대파, 팽이버섯만을 끓여 육수를 만든다. 거기에 시금치, 새송이버섯, 미나리 등 야채들을 곁들여 새조개를 넣은 후 3~5초 후에 건져서 먹으면 된다.

1. 새조개 까는 모습
2. 새조개
3. 새조개 데침회

익힌 새조개에 초장을 찍고 시금치와 미나리를 곁들여 먹으면 좋다. 서해안 새조개는 내장에 모래가 많아서 제거하고 먹어야 하지만 여수 새조개는 내장에 씹히는 모래가 없어서 굳이 내장을 제거하지 않아도 된다. 하지만 데침회용으로는 내장을 제거하는 것이 좋다. 그냥 넣으면 국물이 초록색으로 변하고 나중에는 쓴맛이 나기 때문이다. 새조개는 너무 오래 담그면 질겨지고, 육즙이 빠져나가 버려 제 맛을 느끼기 어렵다. 다 먹고 난 육수는 간도 적당해지고 새조개 향도 많이 배어 나와서 시원한 국물이 일품이다. 조개를 데친 야채 국물에 칼국수나 라면을 넣어 끓여 먹기도 한다.

조개류의 효능과 주의점

조개류는 필수 아미노산이 풍부하며 강장, 강정 작용이 뛰어난 타우린 성분이 특히 많은 것으로 알려져 있다. 타우린 성분 덕으로 특유의 감칠맛이 있고 소화 흡수가 잘 되는 영양 만점의 식품이다. 지방 함량이 5% 이하여서 담백한 맛이 나며 특유의 단맛이 있다. 조개류의 단맛은 당질의 일종인 글리코겐과 아미노산의 일종인 글리신 때문이다. 조개는 수산물 중에서도 단백가가 가장 높은 편으로, 바지락의 단백가는 완전식품이라 불리는 달걀과 마찬가지로 100이다. 더욱이 조개류는 소화 흡수가 잘되고 간장에 부담을 주지 않아 병을 앓고 난 뒤의 회복 환자나 어린이, 노인의 영양식으로 권할 만하다.

하지만 조개류는 죽은 후 일정 시간이 지나면 근육이 굳어지면서 변질되기 쉬워 식중독을 일으킬 염려가 있다. 뿐만 아니라 날로 먹으면 티아미제라는 효소의 영향으로 비타민 B1이 파괴되기 때문에 주의해야 한다. 조개류는 너무 오래 삶으면 근육이 급격하게 수축되어 질겨지므로 국물을 내기 위한 용도가 아닐 경우 센 불에서 단시간에 가열하는 것이 좋다.

39 서대

혓바닥을 닮은 물고기의 담백하고 부드러운 맛

- **분류** 가자미목 참서대과
- **산란기** 6~7월
- **요리** 서대회, 서대찜

서대의 특징

보통 '서대'라고 하면 참서대, 큰서대, 서대, 용서대, 흑대기 등의 물고기를 통틀어 말한다. 서대의 '서'는 '혀'를 의미하는 사투리이다. 즉, 서대는 혓바닥을 닮은 물고기라는 뜻이다. 옛 문헌에도 한자어로 '설어(舌魚)'로 쓰였다. 『재물보(才物譜)』, 『물명고(物名考)』에 따르면 '비목어(比目魚)'라고도 불렀다. 외모를 보면, 서대는 가자미의 사촌쯤 되는 바닷물고기다. 가자미처럼 눈이 한쪽으로 몰려 있으나, 가자미보다는 길쭉하게 생겼다.

정약전의 『자산어보』에는 장접(長鰈), 진서대(眞西大 : 참서대), 혜대어(鞋帶魚) 등으로 기록되어 있다. 정약전은 서대를 "외모는 좁고 납작하며 길다. 맛은 좋으며 마치 가죽신 바닥을 닮아 보인다"라고 설명하고 있다. 혜대어라는 이름은 짚신 '혜(鞋)' 자를 썼는데, 물고기의 외형이 신발 밑창과 유사하기 때문에 붙었다.

서대의 몸은 긴 타원형으로 눈은 작고, 두 눈 사이의 간격은 눈 지름과 비슷하다. 주둥이의 끝은 둥글고 입은 눈 아래에서 배지느러미 쪽으로 굽어 있다. 등지느러미는 머리 위에서, 뒷지느러미는 아가미

1. 서대회무침백반
2. 서대회무침
3. 서대찜
서대요리는 여수의 행사 상차림에 빠지지 않는 음식이다. 서대 중에서 참서대가 가장 맛이 좋고, 담백하고 부드럽다. 비린내도 거의 없다. 말려서 찜을 해 먹거나, 회무침으로 먹는다.

구멍 아래에서 시작되지만, 있는 둥 마는 둥 되어 있다. 눈이 있는 쪽은 3개의 뚜렷한 측선이 머리에서 꼬리 부분까지 이어져 있으며, 눈 뒤쪽에는 중앙의 측선을 수직으로 가로지르는 또 하나의 측선이 있다. 눈이 있는 쪽은 적갈색, 그 반대쪽은 흰색을 띤다. 몸길이는 약 27㎝ 정도이며, 주로 수심이 30m 미만인 연안의 얕은 바다에 산다. 바닥이 펄과 모래가 섞여 있는 곳에 주로 서식하고, 산란기는 6~7월이다. 서대는 새우류, 게류, 기타 조개류 등을 먹는다. 서해와 남해, 일본 홋카이도 이남, 중국해에 분포한다.

여수수산시장의 서대. 서대는 바닥이 펄과 모래가 섞여 있는 곳에 주로 서식하고, 산란기는 6~7월이다.

서대요리

특히 서대요리는 여수의 행사 상차림에 빠지지 않는 음식이다. 서대 중에서 참서대가 가장 맛이 좋고, 담백하고 부드럽다. 비린내도 거의 없다. 말려서 찜을 해 먹거나, 회무침으로 먹는다. 특히 서대회는 막걸리를 삭혀서 만든 식초로 회를 무쳐 먹는 것이 특징이다. 서대회만 먹기도 하고, 큰 밥그릇에 각종 나물과 서대회를 넣고 참기름과 고추장을 비벼서 먹으면 그 맛이 일품이다. 현재 해양공원 일대에 서대회로 유명한 식당이 몇 있다.

서대회 요리방법

1. 싱싱한 서대를 비늘을 벗긴 후 잘게 썰어 냉동해 둔다.
2. 서대를 꺼내어 약간 해동되면 식초로 주무르는데, 그때 나온 물은 버린다.
3. 깻잎, 부추, 양파를 채 썰어 준비해 놓은 후 고추장, 마늘, 고추양념, 깨소금, 식초 등 양념을 서대와 잘 버무려 준다. 어떤 식당에서는 무를 채 썰어 함께 버무리기도 한다.
4. 접시에 상추를 깔아놓고 서대회를 담은 후 그 위에 통깨를 뿌려주면 완성된다.

서대찜 요리방법

1. 서대의 비늘을 벗기고, 내장을 제거한다. 30분 정도 소금으로 간을 한 다음 깨끗이 씻어서 소쿠리에 담아 말린다. 오래 보관하려면, 바짝 말리면 된다.
2. 찜솥에 물을 반 정도 붓고 김이 오르면 서대를 가지런히 놓고 그 위에 서대가 서로 들러붙지 않도록 나무젓가락을 올려놓는다.
3. 서대를 다 찌면 그릇에 올려놓고, 물엿과 간장을 섞어 앞뒤로 바르고 통깨와 실고추를 뿌려 마무리를 한다.

5월에 상추쌈으로 먹는 '징어리'

- **분류** 청어목 청어과
- **산란기** 2~4월
- **제철** 9~10월
- **요리** 조림, 구이, 튀김, 탕

　여기에서 실제로 다루어야 할 내용은 '정어리'가 아니다 '멸치'이다. 예로부터 전라도 어부들은 함께 잡히는 청어목 청어과의 정어리와 청어목 멸치과의 멸치를 모두 '징어리(정어리)'라고 불렀는데, 여수의 대표 음식 중 하나인 정어리쌈은 '대멸(큰 멸치)'로 만들기 때문이다. 여수 지역에서 잡히는 멸치에 대해서는 43번의 '멸치잡이' 항목에서 다루고 있으므로 여기에서는 둘 사이의 구분을 위해 먼저 정어리의 특성에 대해 설명한 뒤, 실제로는 멸치가 재료로 사용되는 정어리쌈 요리 방법에 대해 언급하고자 한다.

정어리의 특성

　몸은 긴 원통형이지만 배 쪽은 다소 측편되어 있으며 등 쪽은 약간 두껍다. 위턱과 아래턱의 길이는 거의 같으나, 아래턱이 약간 돌출되어 있다. 양턱에는 작은 이빨이 있고 눈에는 투명한 기름눈까풀이 있다. 몸 표면은 떨어지기 쉬운 둥근 비늘로 덮여 있다. 옆구리에는 1줄로 된 7개 내외의 흑청색 점이 있고, 때로는 그 위에 여러 개의 점이

대멸과 정어리(대멸) 조림. 정어리쌈은 매년 5월에 먹는 것이 적기이다.

있다. 개체에 따라 점이 희미한 것도 있고 그 수도 차이가 있다. 아가미 뚜껑에 방사상의 융기선이 있는 것이 형태적 특징이다. 몸 빛깔은 등 쪽은 짙은 청색, 배 쪽은 은백색을 띠고 있으며, 몸길이는 약 25㎝이다.

수십만 또는 수백만 마리가 떼를 지어 다니며, 방향과 속도가 같아서 일정한 간격을 유지하며 질서정연하게 헤엄친다. 방어력이 거의 없고, 떼를 지어 다니기 때문에 고등어와 가다랑어, 방어 등 대형 물고기의 먹이가 되어 바다의 먹이사슬 밑 부분을 형성하기 때문에 '바다의 목초' 또는 '바다의 쌀'이라고 불리기도 한다. 제주도 동남방 해역에서 겨울을 나고 봄이 되면 북쪽으로 이동하여 여름에는 동해 전역에 걸쳐 서식하고, 가을이 되면 남쪽으로 이동한다. 산란기는 12~6월이며, 우리나라에서의 주산란기는 2~4월이다. 어릴 때에는 동물성 플랑크톤을 주로 먹다가, 자라면서 식물성 플랑크톤을 먹는다. 청어과 물고기 중에서는 제일 크고 번식력이 강한 물고기로 알려져 있다. 실제로 1939년 단일종으로 120만 톤이라는 엄청난 어획고를 올려 세계적 기록을 갖고 있다.

고기떼를 커다란 수건 모양의 그물로 둘러싸서 우리에 가둔 후에, 그 범위를 차차 좁혀 떠올려서 잡는다. 일정 기간 동안 그물을 설치해 두었다가 거두어 올려 대량으로 잡거나, 옆으로 기다란 사각형 모양의 그물을 고기떼가 다니는 길에 수직으로 펼쳐서 고기가 그물코에 꽂히게 하여 잡기도 한다. 알을 낳기 직전인 9~10월에 가장 맛이 좋다. 조림, 구이, 튀김, 탕 등으로 먹는다.

방언으로 보통 징어리라고 많이 부르나 강릉, 양양 지방에서는 눈치라 부르기도 한다. 일본에서는 정어리를 마이와지(眞鰯), 중국에서는 한자로 온(鰮) 또는 해즉어(海鯽魚), 영어로는 영국에서는 필처드(pilchard), 미국에서는 사딘(sardine)이라 쓴다.

김려(金鑢)의 『우해이어보(牛海異魚譜)』에는 증울(蒸鬱)이라고 기록되어 있으며, "정어리는 빛깔이 푸르고 머리가 작다. 함경도 연해에서 잡히는 비웃청어(飛衣鯖魚)와 비슷하다. 맛이 달지만 조금 매워 입을 어줍게 한다. 잡으면 곧 굽거나 끓여먹을 수 있다. 잡은 지 며칠이 지나면 어육이 더욱 매워지고 두통을 일으키게 한다. 본토박이는 이를 증울이라 일컫는다. 증울은 매우 찌는 듯이 덥고 답답한 두통을 말한다”라고 설명하고 있다.

『자산어보』에는 대추(大鰌)라 하는데, “청어(靑魚)와 매우 닮았으나 멸치보다는 다소 크며 가장 큰 것은 5~6치 정도나 된다. 체색(體色)은 푸르고 몸은 약간 길다. 멸치보다 먼저 나타난다”고 기록되어 있다. 정약전은 정어리를 멸치의 일종으로 보고 있다. 즉, 큰 멸치인 대추가 정어리라는 것이다.

정어리쌈 요리방법

정어리쌈은 매년 5월에 먹는 것이 적기이다. 우선 고사리를 넣고 갖은 양념을 해서 국물을 자작자작하게 졸인다. 그 다음 상추쌈에 밥을 얹고 된장을 바른 후 정어리와 고사리를 싸서 먹으면 된다. 하지만 정어리쌈에 들어가는 정어리는 우리가 흔히 알고 있는 정어리가 아니라 대멸이다. 대멸은 여수사투리로 ‘징어리’라고 하는데, 여수에서는 대멸쌈을 먹으면서 이를 정어리쌈이라고 부른다.

41 돌산갓김치, 고들빼기김치

감칠맛과 독특한 향이 일품인
여수의 음식

돌산갓김치
• **구분** 겨자과
• **제철** 김치 맛은 봄과 가을에 재배된 갓이 뛰어남

고들빼기김치
• **구분** 국화과
• **제철** 늦봄의 연한 고들빼기가 좋음

돌산갓에 대해

여수 남단에 위치한 돌산도는 1984년 돌산대교가 건립되면서 육지와 다름이 없어졌다. 본래 돌산도는 그 크기가 국내에서 8번째로 섬 자체로 보면 제법 큰 섬인데, 지금은 이 섬이 돌산갓김치로 더 유명해졌다. 여수시에서는 매년 거북선대축제 기간에 돌산갓김치축제를 개최하고 있으며, 2008년 현재 3회를 맞이하고 있다. 돌산갓 아줌마 선발대회, 돌산갓 담그기 체험, 돌산갓 판매장 운영 등 다채로운 행사가 진행되고 있다.

갓의 한자 이름은 개채(芥菜) 또는 신채(辛菜)라고도 한다. 십자화과의 이년초인 갓은 씨앗을 뿌린 뒤 수분과 일정한 시비를 할 경우 50여 일이 지나면 수확이 가능하다. 때문에 사계절 김치 맛을 즐길 수 있다. 돌산갓은 해방 후 1950년대 초 일본을 왕래하는 여수 지역 무역상인들이 무잎 형태의 '만생평경대엽고채' 계통의 씨앗을 들여와 첫 재배를 시작했다고 전해진다. 그 지역은 돌산 세구지 마을인데 지금은 택지개발 지역이 되었다. 돌산갓은 1980년대 중반까지만 해도 30여 농가에서 2,500평을 재배했으나 1990년대 여수농업기술센

터에서 돌산갓 육성 시범사업을 펼치면서 재배농가와 재배지역이 급
증했다. 현재 돌산갓은 여수 화양면까지 보급되어 전국적인 명품으로
알려져 있다.

특히 돌산갓은 타 지역의 갓과 달리 톡 쏘는 매운 맛이 적고 부드러
우며 독특한 향을 지니고 있다. 돌산갓은 해양성 기후와 알칼리성 및
유황 성분의 토사질 토양에서 재배되기 때문에 엽채가 부드럽고 향과
맛이 뛰어난 것이다. 때문에 막 담근 생김치도 담백한 맛이 나고, 일정
기간 숙성시키면 감칠맛을 내 잃었던 입맛을 되찾는 데 좋다.

1. 돌산갓김치. 돌산갓은 타
지역의 갓과 달리 톡 쏘는
매운 맛이 적고 부드러우며
독특한 향을 지니고 있다.
2. 고들빼기김치. 고들빼기
김치는 고들빼기의 쌉쌀한
맛과 멸치젓의 감칠맛이 어
우러져 밥맛을 돋워 준다.

여수 돌산갓김치는 무기질, 비타민이 풍부해 콜레스테롤 수치를 낮춰주고, 고지혈증 등 성인병 예방에도 효능이 뛰어나다. 또한 갓은 항산화물질인 카로티노이드 등 항암과 노화방지 등에 필요한 다양한 영양소를 포함하고 있다. 특히 유방암 예방에 효능이 있다고 한다.

돌산갓김치에는 일반 김치와 물김치, 절임김치 3종류가 있다. 일반 김치는 무잎 갓을 소금에 절여 씻은 뒤 젓국과 마늘, 양파, 생강, 물고추, 찹쌀가루 죽 등을 혼합하여 만든다. 물김치는 배춧잎 갓을 절여 배와 사과, 풋고추를 갈아서 만든 즙과 생강, 양파, 마늘, 찹쌀가루 죽 등을 혼합하여 하루쯤 숙성시켜야 제 맛이 난다. 특히 돌산갓 고유의 향을 잃지 않도록 절임시간을 잘 조절하는 것이 맛의 비결이다. 절임김치는 팩에 절임 갓을 담고 별도로 갖가지 재료를 섞어 만든 양념을 별도로 포장하여 소비자의 식성에 따라 간을 맞추도록 한 맞춤형이다.

돌산갓김치 담그는 법

1. 연하고 포기가 작은 돌산갓을 골라 소금물(3%)에 3시간 정도 절인다.
2. 절인 돌산갓을 3~4회 물에 씻어 소쿠리에 받쳐 물기를 제거해 준다.
3. 멸치젓은 맑은 젓국으로 준비해 놓고 고춧가루는 따뜻한 찹쌀풀에 불려 놓는다.
4. 멸치젓국과 찹쌀풀에 불려놓은 고춧가루에 잘게 썬 파와 다진 마늘, 생강, 생새우 등 양념을 파와 갓에 섞어 고루 버무린다.
5. 버무린 갓을 반으로 접어 항아리에 꼭꼭 눌러 서늘한 곳에 보관해 두고 먹는다.

고들빼기에 대해

고들빼기는 국화과에 속하는 2년생 초로 신나물이라고도 부른다. 한자명으로는 고채(苦菜), 황과채(黃瓜菜), 활혈초(活血草)라고 한다. 분포지역은 한국, 중국 등이다. 산과 들이나 밭 근처에서 자라며 농가에서 재배하기도 한다. 길이는 약 80㎝정도이며 줄기는 곧고 가지를 많이 치며 붉은 자줏빛을 띤다. 잎은 뿌리에 달려 있는데, 꽃이 필 때까지 남아 있으며 모양은 타원형이다. 줄기에 달린 잎은 길이 2.3~6㎝로 밑이 넓어져 줄기를 감싸고 있다. 불규칙하게 패인 톱니가 있으며 위쪽으로 올라갈수록 크기가 작아진다. 민간에서는 풀 전체를 약재로 쓰는데 주로 해열, 건위, 조혈, 소화불량, 폐렴, 간염, 타박상, 종기 등의 치료제로 쓰인다고 알려져 있다. 보통 어린잎과 뿌리는 김치를 담그거나 나물로 먹는다.

특히 고들빼기김치는 고들빼기의 쌉쌀한 맛과 멸치젓의 감칠맛이 어우러져 밥맛을 돋워 준다. 고들빼기에는 단백질, 지질, 탄수화물, 섬유질, 칼슘, 철, 카로틴, 비타민 등이 함유되어 있으며, 이뇨촉진, 소화불량, 진정, 해열, 위를 튼튼하게 하는 데 효과가 있고 피를 맑게 해준다. 이러한 고들빼기김치는 경상도 지방에서 담가 먹기도 하지만 전라도 지방을 대표하는 김치라고 할 수 있다. 쌉쌀한 맛과 향이 독특한 고들빼기김치는 김장철에 따로 담가 두었다가 음력설 이후까지 별미로 먹을 수 있다.

고들빼기김치 담그는 법

1. 뿌리가 굵고 잎이 연한 고들빼기를 골라 잎과 뿌리의 잔털을 깨끗이 제거한다.
2. 슴슴한 소금물에 7~10일 정도 담가서 쓴 맛을 우려낸다.
3. 도중에 2~3회 정도 물을 갈아주어야 하며, 다 절여진 고들빼기는 여러 번 씻어 소쿠리에 건져 물기를 완전히 뺀다.
4. 멸치국에 고춧가루를 불린 후 마늘, 생강, 통깨, 설탕을 넣고 버무린다.
5. 준비해 놓은 양념에 고들빼기를 먹기 좋은 크기로 찢어 넣고 실파를 손으로 뚝뚝 끊어 넣는다. 고루 버무려 항아리에 꾹꾹 눌러 담는다.
6. 밤이나 잣, 배 등을 함께 넣어 담그면 더욱 독특한 맛을 즐길 수 있고, 보통 1주일 정도가 지난 후 꺼내 먹으면 제 맛을 느낄 수 있다.

| 참고문헌 |

김려, 『우해이어보 : 한국 최초의 어보』, 다운샘, 2004.

김익수 외 지음, 『(원색)한국어류대도감』, 교학사, 2005.

김홍기, 『제철음식 제철여행』, 미디어윌, 2005.

여수시, 『내고장 여수』, 1981.

유재명, 『물고기 백과』, 행림출판, 1996.

이태원, 『현산어보를 찾아서 1~5』, 청어람미디어, 2002~2003.

전라남도, 『내고장 향토음식』, 1987.

______, 『관광전남』, 1988.

정건조, 『한국의 맛』, 경향신문사, 2004.

정기태, 『고기잡이 여행』, 바보새, 2004.

정약전, 신안군청 편, 『상해 자산어보』, 신안군청, 1998.

『한국민족문화대백과사전』, 한국정신문화연구원, 1989.

생활문화와 민속

천혜의 어장 가꿔온
어민들의 공동체

- **분류** 공동체문화
- **성격** 어촌공동체
- **지역** 여수시 해안마을 일대
- **시대** 시대구분 없음

여수 연안의 어업환경

여수는 광양만, 여수만, 순천만, 가막만과 남해를 끼고 있는 전라남도 동부지역의 대표적인 항구도시로서 국내 유수의 어업전진기지이자 유명한 수산물 집산지이다. 특히 여수 연안은 돌산도, 금오도, 소리도, 욕지도, 남해도로 둘러싸인 개방형의 만으로 수심이 60m 이하이며, 섬진강으로부터 영양염류가 풍부한 하천수가 유입되고 남해의 외해로부터 고염분의 외해수가 만내로 유입된다. 따라서 이 지역은 내만의 연안수와 외해수가 마주치는 경계역으로 회유성 어류가 이동하는 경로이기도 하다. 이와 같은 환경적 특성으로 인하여 어족 번식상 최적의 해양환경을 갖추고 있으며 다양한 어류가 서식 분포하는 천혜의 어장이라고 할 수 있다.

여수 연안에서 행해지는 대표적인 어업활동으로는 참고막, 새고막, 바지락, 굴, 홍합, 낙지 등 자연산 및 양식산 어패류의 채취, 김, 톳, 미역 등 해조류의 양식과 채취, 거문도를 중심으로 한 갈치, 삼치, 멸치, 문어, 기타 어류에 대한 어로활동을 들 수 있다. 또한 삼산면 일대에서는 해녀들이 전복과 해삼, 성게 등을 채취하고 있다.

가두리양식장과 안도 어촌계. 여수는 삶의 터전인 바다에서의 공동 채취와 분배, 양식어업 및 개별어업 등의 어로활동에 대한 공동체적 규제와 관행이 어촌마을의 자생조직인 어촌계를 통해 이루어져왔다.

ⓒ여수지역사회연구소

여수2006-3호
(안도어촌계)
ⓒ여수지역사회연구소

여수 지역 어촌계의 특징

여수는 여수반도의 내륙지방을 제외하고는 대부분 섬으로 이루어져 있기 때문에 어업 의존도가 매우 높은 지역이다. 따라서 삶의 터전인 바다에서의 공동 채취와 분배, 양식어업 및 개별어업 등의 어로활동에 대한 공동체적 규제와 관행이 어촌마을의 자생조직인 어촌계를 통해 이루어져왔다. 계(契)는 한국의 전통적인 공동체조직이며, 이중에서 어업과 관련된 계는 어부계, 어망계, 어선계, 어업계, 선구계(船具契), 선재계(船材契) 등이 있었다. 어촌계는 어촌마을을 중심으로 공동어장 내 양식장 분배나 해조류채취권 및 패류채취권을 둘러싼 성원규정과 공동체적 규제를 하는 조직이다. 현재 여수 지역의 어촌계는 1962년 1월 20일 법률 제1013호에 의해 수산업협동조합법이 발효되면서 수협의 최하부 조직으로 제도화되었으며, 어업권 행사와 어장에 대한 관리도 어촌계에서 자율적으로 운영하고 있다.

여수는 일찍이 일제강점기에 어업전진기지가 되어 자본집약적인 대규모 어선어업이나 양식어업이 행해졌으며, 이와 함께 마을 단위로 자생적인 어촌계와 어업조합이 결성되어 활동해왔다. 이들 조직의 규약에는 어촌계원의 범주와 가입 및 탈퇴, 어구어법의 제한, 조업장소와 조업시기, 임원구성과 임기 및 선출방식, 공동어장에 대한 관리 및 운영, 회비 등이 포함되어 있으며, 그 구체적인 내용은 지리적 특성이나 조업방식에 따라 조금씩 다르다.

여수시 율촌면 조화리 득실마을의 사례

광양만의 안쪽에 위치한 율촌면 조화리 득실마을은 섬진강 하류에서 흘러온 영양염류의 영향을 받는 곳으로 패류양식의 적지로 알려져 있다. 예로부터 석화, 고막, 바지락 등이 많이 생산되었으며, 일찍이 일제강점기부터 김양식과 굴양식을 시작하였다. 득실마을은 율촌어촌계에 속한 22개 마을 중의 하나로, 이 지역은 같은 법인 어촌계에 속해 있지만 해안지선은 자연마을별로 독자적으로 운영되고 있다. 이중 조화리가 가장 넓은 지선면적을 차지하고 있고 구성원 수도 가장 많다.

득실마을은 160여 가구 중 120여 가구가 어촌계에 가입하여 활동

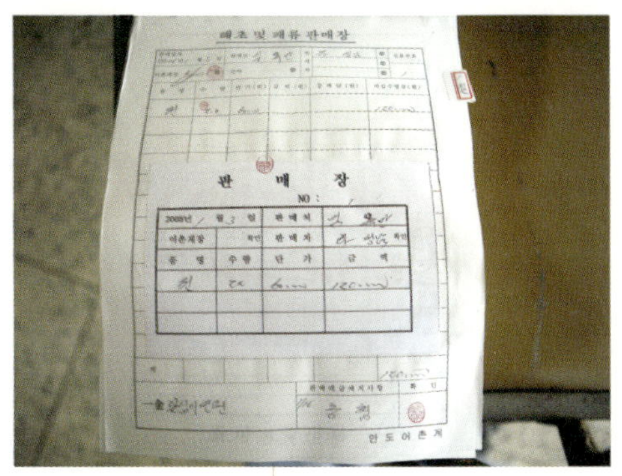

안도리 어촌계 전복 판매장. 여수는 일찍이 일제강점기에 어업전진기지가 되어 자본집약적인 대규모 어선어업이나 양식어업이 행해졌으며, 이와 함께 마을 단위로 자생적인 어촌계와 어업조합이 결성되어 활동해왔다.

하고 있는데(2004년 현재), 한정된 어업자원을 공동으로 이용해야 하기 때문에 엄격한 기준이 적용되고 있다. 외지인의 경우에는 보통 3~5년 동안 마을에 거주하면서 주민들로부터 검증을 받아야 마을사람으로 인정을 받는다. 어장을 이용하려면 더 엄격한 기준이 적용되는데, 마을총회의 심사를 거쳐 승인을 받아야 하고 일정한 입회비(행사료)를 내거나 주민들 중 일손이 없어 양도를 원하는 사람에게 시설비를 지급하고 인수해야 비로소 갯벌에 들어갈 수 있다.

득실마을은 공동어장과 개인지분이 구분되어 있다. 공동어장은 어촌계장이 중심이 되어 마을공동으로 관리하는 지선이고, 사유화된 개별어장은 개인적으로 운영된다. 득실마을에서 맨손어업을 할 수 있는 어장면적은 200ha 정도이다. 이 중 공동으로 운영하고 있는 면적은 고막양식장 42ha, 바지락 10ha이고, 나머지는 개별적으로 분배된 상태이다. 어장면적이 너무 넓어 관리에 어려움을 겪자 40~50년 전 일부를 제외하고 제비뽑기를 통해 개인에게 분배한 것이다.

어촌계원이 되려면 3년 이상 맨손어업에 종사를 해야 하는데, 종사할 어장이 없기 때문에 어촌계 자격을 인정받지 못하는 경우도 있다. 부모의 어촌계원 자격은 장남에게 승계되는데 외지인이나 차남의 경우에는 가입이 상당히 어렵고 가입을 해도 개별어장의 지선을 확보하기 어려운 실정이다.

어촌계에 가입하고자 하면 먼저 수협에 출자를 해야 한다. 어촌계원이 늘어나더라도 개인지분에 변화가 없고, 전출한 사람의 지분은 어촌계가 공동소유로 회수하고 있다. 개별어장 외에 공동어장은 어촌계가 관리하고 공동채취, 공동살포, 공동작업을 주도하고 있다. 이때 참여하지 못하는 사람은 벌금을 내거나 인부를 구해서 보내야 한다. 공동어장에서 벌어들인 돈은 분배하지 않고 마을공동재산으로 적립한다.

빛깔 곱고 맛 좋은 멸치를 찾아서

- **분류** 생업문화
- **유형** 어업
- **기간** 5월 하순~11월 하순
- **지역** 돌산도 및 거문도 인근 해역

멸치잡이 환경과 조직구성

여수에서 멸치잡이가 주로 이루어지는 곳은 돌산도 동·남쪽 해역과 거문도 인근의 해역이다. 이 지역은 멸치의 먹잇감인 플랑크톤의 번식이 왕성하고 해안선의 출입이 복잡하면서도 해저 경사가 완만하여 멸치잡이에 유리한 환경을 지니고 있다. 멸치는 일반적으로 겨울철인 1~2월에는 제주도 인근 해역과 일본 큐슈 서쪽 해역에서 월동하다가 봄철인 3월에 수온이 상승하면서 우리나라 남해 연안으로 내유하기 시작하여 남해에 어장을 형성하고 가을철까지 분포한다. 여수 해역에서 잡힌 멸치는 가까운 포구로 운반되어 대부분 건(乾燥)멸치로 제조되고, 일부는 멸치젓 만들기에 쓰인다.

멸치잡이는 먼 바다에 나가 정치망으로 잡는 것과 연안에서 낭장망을 이용하여 잡는 것 등 크게 두 가지 방법이 있다. 전자는 어군탐지기로 멸치군단의 위치를 확인하고 불빛으로 멸치가 몰려들게 하여 잡는 방식이며, 후자는 물살이 센 곳에 그물을 설치하여 떠밀려오는 멸치를 잡는 방식이다.

1970년대 중반까지는 등선(燈船) 3척, 그물 당기는 배 2척, 삶는 모선 1척, 예인선 1척 등 총 7척이 한 조가 되었고 그물로는 분기초망과 연안들망이 사용되었다. 그리고 예인선에 2명, 모선에 3명, 그물

1. 멸치선단
2. 멸치경매
3. 멸치건조

멸치잡이는 5월 20일경부터 11월까지 물때에 상관없이 이루어진다. 단 불빛으로 멸치를 모으기 어려워지는 달이 밝은 시기에는 조업을 나가지 않는다. 5월에는 연근해에서 조업을 하고 7월 초부터는 소리도 해상까지 나간다.

당기는 배에 5명씩 총 10명, 등선 1척당 2명씩 6명이 승선하여 총 21~22명이 한 조를 이루어 작업을 수행하였다. 그러던 것이 1970년 대 중반부터 1980년대 중반까지는 등선 2척, 그물배 1척, 삶는 모선 1 척 등 총 4척이 한 조를 이루고 등선에 1명씩 2명, 그물배에 6명, 모 선에 3명 등 총 11명으로 조업을 하였다. 그 후 1980년대 중반부터는 닻을 쓰지 않고 5톤 정도의 어군탐지선 1척, 10톤 정도의 모선 1척, 2 톤 정도의 등선 1척 등 3척이 한 조를 이루고 등선 운전에 1명, 어군 탐지선 운전에 1명, 그물 당기는 데 3명, 모선 운전에 1명, 멸치 삶는 작업자 1명 등 총 7명으로 조업을 수행하였다. 이러한 멸치잡이의 변 화과정에서 가장 눈에 띠는 것은 어군탐지기의 활용이다. 어업노동력 이 감소함에 따라 기계화가 진행되었고, 그물당기기와 삶는 작업을 모선 1척에서 함께 수행하는 것으로 변화하게 된 것이다.

조업시기와 멸치의 종류

멸치잡이는 5월 20일경부터 11월까지 물때에 상관없이 이루어진 다. 단 불빛으로 멸치를 모으기 어려워지는 달이 밝은 시기에는 조업 을 나가지 않는다. 5월에는 연근해에서 조업을 하고 7월 초부터는 소 리도 해상까지 나간다. 그리고 멸치 잡는 철을 제외하고는 휴어기에 들어간다. 멸치잡이 조업은 저녁 7시 경부터 시작해서 날이 새기 시 작하면 일을 마치고 돌아온다. 그물은 보통 하루 밤에 세 차례 정도 넣다 뺄 수 있다고 한다.

여수 지역에서 잡히는 멸치는 흰밥, 지름치, 가이루 등으로 나누어 진다(이것들을 좀 더 세분하면 지르멜, 지르가이리, 가이리, 고바, 지

잡은 멸치는 포구로 돌아 와 날씨가 좋으면 해변의 자갈밭에 널고, 날씨가 나 쁘면 기계로 건조시킨다.

리고바, 고주바, 주바, 중바, 오바, 다시오바 등으로 나눈다). '흰밥'
은 가장 질이 좋은 멸치인데, 비늘이 있고 흰 빛을 띤 것으로 음력 8
월 추석 무렵에 많이 잡힌다. '지름치'는 배 부분이 노란색을 띠는 멸
치로 가격은 저렴하지만 맛은 가장 좋다. 주로 음력 6~7월에 많이 잡
힌다. '가이루'는 잔멸치를 말하는데 초봄 5월과 가을 11월에 많이 잡
힌다. 연안의 얕은 물에서 정치망 어로로 잡히는 멸치는 맛은 좋으나
배 부위가 노란색을 띠어 비싼 가격을 받지 못하는데 반해 대형선박
을 이용해 먼 바다에서 건어망과 빳지망 어업으로 잡은 멸치는 흰색
과 푸른색을 띠는 높은 상품성을 지니고 있다. 따라서 자본투여와 조
업방식에 따라 멸치의 상품성이 달라지기 때문에 자본이 많을수록 시
장 경쟁력을 지닌다는 것을 확인할 수 있다.

멸치의 유통과정

멸치의 품질은 잡아서 뜨거운 물에 데치고 건조하는 과정에서 멸
치의 배가 터졌느냐에 따라, 몸 색깔이 어떤 빛이냐에 따라, 크기에
따라 달라진다. 잡은 멸치는 20분 이내에 삶지 않으면 배가 터져버리
기 때문에 상품가치가 떨어진다. 그래서 멸치를 너무 많이 잡아 채 삶
지 못한 멸치들은 포구로 돌아와 젓갈을 담는다. 멸치색깔이 노란색
이나 검정색을 띠면 저렴하고 희거나 푸른색을 띠면 비싸다. 멸치는
크기가 너무 작거나 크지 않고 적당해야 비교적 높은 가격을 받는다.

잡은 멸치는 포구로 돌아와 날씨가 좋으면 해변의 자갈밭에 널고,
날씨가 나쁘면 기계로 건조시킨다. 마을공동건조장이 있지만 대부분
의 멸치잡이 어민들은 개별 건조장을 갖추고 있다. 멸치를 건조하고
포장하는 일은 여성들의 몫인데 선주나 선장, 선원들의 부인이나 여
성가족원들이 일당을 받고 주로 담당한다. 포장된 멸치는 저온창고에
보관했다가 새벽에 남산동의 수협건어물공판장으로 내가는데, 보통
오전 9시 반경에 경매위판이 시작된다. 과거에는 연료와 인건비가 싸
서 경상운영비가 적게 들었고 멸치값이 좋아서 멸치잡이의 수익성이
높았으나 현재는 인건비와 운영비는 많이 들고 멸치값은 싸서 멸치잡
이의 수익성이 예전에 비해 현저하게 떨어진 상태라고 한다.

성과 속의 경계

• **분류** 민속문화
• **유형** 민간신앙
• **시대** 미상
• **지역** 여수 일대

벅수의 개념과 기능

벅수는 흔히 '장승'이라 부르는데 여수를 포함한 전라남도의 동남 해안지역에서 주로 '벅수'라고 한다. 벅수의 기원은 솟대, 선돌, 돌무더기, 신목, 신당 등과 함께 신석기·청동기 시대의 원시신앙적 조형물로 보는 것이 통설이다. 이것은 유목·농경문화의 소산으로 퉁구스족의 샤머니즘을 배경으로 한 북방문화와 직결된 것으로 해석되기도 한다. 이렇게 형성된 벅수문화는 불교, 도교 등 외래문화와 결합되면서 호법신, 방위신, 장군신, 수문신, 조상신 등의 성격으로 혼재되어 왔고, 형태에 있어서도 목우형(木偶形)과 석우형(石偶形), 솟대형, 돌무더기형 등 다양한 형식으로 발전하였을 것으로 보인다.

장승에 대한 기록은 신라와 고려시대 문헌에도 나타나며 15세기에는 '댱승', 16세기에는 '쟝승'이라고 표기하였다. 장승은 긴(長) 나무 푯말(株)이라는 뜻이다. 장승을 부르는 명칭은 아주 다양하다. 일반적으로 통칭되는 장승과 벅수 외에도 시대와 지역에 따라 장생(長生), 장생(長株), 장성(長成), 장선(長善), 장신, 당승, 벅시, 돌하루방, 할아버지·할머니, 당산, 수살, 주살, 살맥이, 미륵, 동자석, 돌선왕, 돌대

1. 2. 여수 동산동 벅수
3. 4. 여수 연등동 벅수
5. 6. 여수 충민사 벅수
벅수의 기원은 솟대, 선돌, 돌무더기, 신목, 신당 등과 함께 신석기·청동기 시대의 원시신앙적 조형물로 보는 것이 통설이다.

장군, 오방장군, 수문장, 우성목, 무성목, 맹자님, 옹중석, 망중석 등 다양하게 불린다. 장승과 관련된 지명도 장승배기, 장승거리, 장승모 랭이, 장승골, 장승부리, 장승재, 장고개, 장석걸, 버수거리, 벅수머 리, 벅시걸, 벅수골 등 다양하게 확인되고 있다.

벅수는 마을 입구나 길거리를 수문장처럼 지키면서 이 땅에 뿌리 를 내리고 살아왔다. 무서운 병을 옮겨다주는 손님마마가 어린이에게 접근하지 못하게 하고, 또 괴질이 마을에 들어오지 못하도록 막아주 었다. 마을을 찾는 낯선 길손에게 친절히 길을 안내해주거나 남은 이 정(里程)을 알려주어 심신의 피로를 잊게 하고 여정을 확인하게 해주었다. 또 마을과 마을 사이의 중간지점 경계표가 되어, 오래 못 만난 사돈들끼리 음식과 덕담, 소식을 교환하는 '중도보기'의 장을 마련해 주고, 마을길을 고치는 마을 공동작업인 울력의 경계표적 기준점이 되기도 했다.

이러한 벅수의 보편적인 기능 외에도, 개별적인 각각의 벅수 역시 다양한 기능을 수행해왔다. 마을입구에 위치한 벅수는 마을신앙의 대상이 되면서 풍수신앙의 구조물이 되기도 했고, 일상적으로는 마을 경계를 표시하는 기능을 수행하기도 했다. 사찰의 입구에 위치한 벅수는 불법수호가 가장 중요한 기능이었지만, 사역의 경계를 표시하거나 이정표의 역할을 수행하고, 때로는 개인적인 치성의 대상이 되기도 했다. 마을이나 고을의 약한 지세를 보충하거나 강한 지세를 완화시키는 역할을 해온 풍수비보 벅수 역시, 마을신앙의 대상으로 섬겨지기도 하고 경계표시나 이정표 역할을 수행하기도 했다.

이와 더불어 벅수는 그 영험함을 믿었던 백성들에게 개인적인 치성의 대상이 되기도 했다. 가족의 질병이 쾌유하기를 빌기도 했고, 가뭄이나 홍수를 피하기 위해 기우(祈雨)나 기청(祈晴)을 빌기도 했고, 배우자가 나타나기를 빌기도 했다. 또한 벅수의 코나 눈을 갈아 달여 먹으면 '임신한 아이가 낙태된다'거나 '아들을 갖는다'는 믿음에 따라 돌가루를 달여 먹기도 했고 첩을 둔 남편의 바람기를 잠재우기 위한 처방으로도 활용되었다. 이런 믿음 탓에 주변에서 코나 눈이 손상된 벅수를 어렵지 않게 찾아볼 수 있다.

벅수에 대한 속담과 비유도 많다. '벅수같이 멍하니 서 있다', '벅수같이 자빠진다', '개가 벅수 무서운 줄 알면 오줌 눌까' 등이 그것이다. 이러한 속담과 비유 속에는 벅수가 지닌 위협적이면서도 인자하고 어수룩하면서도 익살스러운 느낌이 담겨 있다. 이렇게 다양한 기능을 해온 벅수는 새마을사업과 산업화, 도시화로 인해 그 전통적인 기능을 상실하였고 신앙의 대상이라기보다는 관광용 장식물이나 관광지를 안내하는 용도로 쓰이고 있는 실정이다.

여수 지역의 벅수와 그 특징

여수 지역에 남아 있는 벅수는 여수 진남관 석인상 1기, 여수 연등동 돌벅수 2기, 여수 동산동 돌벅수 2기, 봉산동 돌벅수 2기, 시전동 선소마을 돌벅수 6기, 화정면 개도리 여석마을 돌벅수 2기, 화양면 화동리 돌벅수 2기, 돌산읍 군내리 서외마을 돌벅수 2기, 돌산읍 우두리 돌벅수 2기, 소라면 현천리 중촌마을 돌벅수 2기 등 총 10개소 25기이다. 이중 마을 벅수가 8개소, 사찰 벅수가 2개소이며 나무로 만들어진 1기를 제외하고는 화강암 등의 석재나 시멘트 재질로 만들어진 것이다.

여수 지역의 벅수에서 발견할 수 있는 눈에 띠는 특징은 다른 지역의 벅수에 흔히 새겨지는 '천하대장군', '지하여장군'이라는 명문(銘文) 대신에 '남정중(南正重)'과 '화정려(火正黎)'라는 명문이 두드러지게 발견된다는 점이다. 이중 연등동과 봉산동에 있는 벅수는 전라좌수영의 서문과 남문 등을 지키면서 읍락비보의 역할도 겸했던 벅수들이라 할 수 있다.

이에 대해서는 정확한 연원을 알 수 없지만 음양오행과 밀접하게 관련되어 있을 것으로 짐작된다. '남정(南正)'과 '화정(火正)'은 중국 상고시대의 관직명이고, '중(重)'과 '려(黎)'는 사람이름이다. 남정중은 하늘을 관장하는 천신(天神)이고 화정려는 땅을 담당한 지신(地神)이다. 따라서 남정중과 화정려는 표기만 다를 뿐이지 천하대장군과 지하여장군에 함축되어 있는 믿음과 크게 다르지 않다는 것을 발견할 수 있다. 즉 마을에서 벅수를 세우고 이러한 명문을 새긴 것은 마을에 침입하는 각종 액과 불운을 막고, 하늘과 땅을 평화롭게 다스리듯이 마을 안에서도 평안을 유지하고자 하는 의미를 함축하고 있다. 또한 남정중과 화중려는 '목관(木官)'과 '화관(火官)'에 해당하는 것으로 음양오행과도 관련되어 있기 때문에 여수 지역의 벅수 속에는 음양오행에 대한 전통적인 믿음이 깃들어져 있었을 것으로 생각한다.

45 당제(堂祭)

마을을 지켜온 공동체 신앙

- **분류** 민속문화
- **유형** 민간신앙
- **시대** 시대구분 없음
- **지역** 여수 일대

당제의 개념과 유형

당제(堂祭)는 전국적으로 분포하고 있는 마을신앙의 하나로, 마을을 전승단위로 하여 해마다 정기적으로 열리는 세시풍속이다. 그 기원은 먼 옛날 고구려의 동맹, 예의 무천, 부여의 영고와 같은 국중대회에서 비롯된 것으로, 우리나라에 전승되고 있는 민속문화 중에서 가장 보편적인 민속현상이라고 할 수 있다. 하지만 마을을 전승단위로 하기 때문에 형식과 내용에 있어서 지역적인 특색을 지니고 있으며, 지역 내에서도 마을마다 다른 양상을 보이기도 한다. 그런 이유로 보편적이면서 개별적인 민속현상이라고 할 수 있다.

당제는 1년에 한두 차례 정기적으로 거행되는 마을 단위의 가장 큰 행사로, 음력 정월에 지내는 곳이 많으며, 마을주민들 전체가 직접적으로 혹은 간접적으로 참여하여 마을의 평안, 풍농, 풍어, 번영 등을 기원한다. 제의 명칭은 당산제(당제), 산신제(산제), 서낭제(성황제)가 가장 많으며, 지역이나 마을에 따라 당제, 촌제, 동신제, 동제, 도당제(도당굿), 부군당제(부군당굿), 포제, 별포제, 본향제, 별신제, 천룡제, 골맥이제, 당고사, 거리제, 노제, 고청제, 단군제, 단오제, 천제, 용왕

여수 남면 금오도 유송리 송구마을 당제. 당제(堂祭)는 전국적으로 분포하고 있는 마을신앙의 하나로, 마을을 전승단위로 하여 해마다 정기적으로 열리는 세시풍속이다.

제, 치성 등 다양하게 불리고 있다. 2007년 전남대학교 호남문화연구소의 조사에 의하면 여수 지역에서 당제가 전승되는 마을은 40여 개 마을이며, '당산제'와 '당제'라는 명칭이 가장 많이 쓰이고 있는 것으로 나타났다.

당제의 유형은 제사(고사)형, 풍물굿형, 무당굿형, 복합형으로 나눌 수 있다. 제사형은 제관들을 선정하여 주자가례에 따라 경건하게 이루어지는데, 제관들은 제복을 착용하고 제장(제당)에 가서 제물을 바친 후 절을 하고 축문을 읽는다. 풍물굿형은 농악대가 제의를 주도하는 것으로 제의절차가 비교적 간단하며, 제의가 끝나면 동네 우물과 집집을 돌아다니면서 지신밟기를 하기도 한다. 무당굿형은 무당을 불러 제의를 주관하게 하는데, 제의 규모가 비교적 크고 시간도 많이 걸린다. 이러한 분류는 당제의 수행과정에서 가장 중심이 되는 형태를 유형화한 것으로, 실제의 당제현장에서는 2~3개의 유형이 결합되어 있는 복합형이 많이 나타나고 줄다리기, 달집태우기 등의 부대놀이가 결합되기도 한다.

여수 경호동 당집. 여수 지역에서는 당집이 비교적 많이 남아 있는데 특히 도서지역에 많이 분포하고 있다.

당제의 대상과 제의 과정

당제의 대상이 되는 마을신은 신체(神體), 신력(神力), 신성(神聖)으로 이루어진다. 신체는 나무, 바위, 장승, 입석, 솟대, 미륵 등 가시적인 형태의 자연물이나 인공물의 경우가 많은데 임경업, 사도세자, 최영, 송징, 장보고 등의 인물신이나 말과 같은 동물신을 제신으로 모시기도 한다. 이러한 신체는 마을사람들로부터 신력과 신성을 가지고 있다고 믿어지면서 엄격한 금기를 통해 보호를 받는다. 마을의 재액초복과 벽사진경을 관장하는 마을신은 마을에 따라 단수형과 복수형이 있으며, 여러 가지 이름으로 불리는데 여수에서는 당산신이나 당신이 많다.

제장은 마을신이 좌정해 있다고 믿는 곳으로 그 형태가 매우 다양한데, 여수 지역에서는 나무와 바다를 신체나 신의 강림처로 믿는 경우가 가장 많다. 그러나 나무 주변에 제단이나 당집을 설치하기도 하며 돌무더기를 쌓아 함께 신체로 삼는 경우도 있다.

제일은 매년 특별한 날을 정해놓고 모시는 경우와 날을 받아 모시는 경우가 있다. 날을 받아 모시는 경우에도 보통 달은 정해져 있으며, 제일은 정초와 대보름이 가장 많고 1년에 한 번 정기적으로 제의를 올리는 것이 보편적이다. 여수 지역 역시 정월 초하루와 정월 대보름에 제의를 거행하는 마을이 가장 많다. 제를 모시는 시간은 밤이나 새벽이 상례이지만, 근래 들어 초저녁이나 낮 시간대로 옮겨 모시는 경우가 많아지고, 제를 모시는 데 걸리는 시간도 단축되고 있다.

제일이 정해지면 집안에 유고(有故)가 없는 마을사람 중에서 제관을 선정하는데, 이때 사주를 보기도 한다. 제관은 역할에 따라 제물을 장만하는 화주(유사), 집례를 맡는 집사, 술을 올리고 절을 하는 헌관, 독축을 하는 축관 등으로 구분되며, 뒷심부름을 하는 사람과 풍물을 치는 사람을 뽑는 경우도 있다. 제관으로 선정되면 여러 가지 금기를 지켜야 하고 부정한 일에 노출되지 않도록 조심해야 한다. 특히 화주는 엄격하게 금기를 지켜야 하는데, 이러한 금기 때문에 요즘에는 제관을 맡는 것을 꺼리는 경우가 많아 이장이나 부녀회에서 그 일을 대신하는 마을이 늘어나고 있다. 제물을 장만하거나 제를 준비하는 과정에서 소요되는 제비는 호구전(戶口錢)이나 인구전(人口錢)으로 걷는 방식이 있고, 제토에서 나오는 수익금으로 충당하는 경우가 있다. 제의가 끝나면, 다음날 음복(飮福)을 겸한 마을회의를 여는 마을이 많다. 이때 제비를 결산하기도 하고 이장선출, 품삯결정, 마을공사 등 마을의 중요한 일을 결정한다.

여수 지역 당제의 변화양상

여수 지역의 당제에서 발견할 수 있는 가장 큰 특징은 당제를 지낸 후에 헌석제(용왕제 또는 풍어제)를 지낸다는 점이다. 모든 마을에서 헌석제를 지내는 것은 아니지만 이 의례는 풍어와 바다에서의 무사고, 해초가 잘 자라도록 기원하는 수산의례로서의 특징을 잘 보여준다. 예전에는 상당제·하당제·헌석제 등 3당 구조로 당제를 지내는 곳이 많았으나 현재는 거의 찾아볼 수 없는 상황이다. 이는 믿음의 약화

뿐만 아니라 현실적으로 당제를 지낼 제관들의 감소와 노령화 때문으로 생각한다. 그래서 몇몇 마을에서는 제관을 선발하는 것이 어려워져 이장이 책임지고 당제를 주관하는 곳도 심심치 않게 발견할 수 있다. 또한 당제 자체를 모시지 못하는 마을도 점차 늘어나고 있다.

여수 지역에서는 당집이 비교적 많이 남아 있는데 특히 도서지역에 많이 분포하고 있다. 당의 위치는 대부분 마을 뒷산이고 당집에 모시는 신격은 보통 당산할아버지와 당산할머니 두 분인 것이 가장 일반적이다. 그러나 남면 안도리 당제는 일반적인 마을과 다르게 신격

여수 남면 금오도 유송리 송구마을 당제. 여수 지역의 당제에서 발견할 수 있는 가장 큰 특징은 당제를 지낸 후에 헌석제(용왕제 또는 풍어제)를 지낸다는 점이다.

과 신당이 많다. 신당은 상당, 하당, 사목당, 터주단, 헌식터, 용제단 등으로 구분되며, 터주단을 제외하고는 많은 신들이 함께 모셔졌다. 메의 수효로 모셔지는 신을 계산하면 상당 15위, 하당 2위, 사목당 12위, 터주 1위, 헌식 3위, 용제 5위 등 도합 38위의 신격을 모셨으며, 3박4일에 걸쳐 제를 지내기도 했다. 그리고 화정면 백야도와 개도는 과거 말 목장이 있었던 이유로 말을 당산신으로 모시는 것을 발견할 수 있다.

당제 비용은 과거에 각 호별로 거출하는 것이 보통이었지만 현재는 마을자금에서 지출하는 것이 일반적이다. 이는 성의와 정성을 담아 마을신에 대한 믿음을 나타내던 과거와 다르게 점차 형식적인 행사로 바뀌었다는 것을 나타내는 것이다. 또한 과거에는 당제 이후에 지신밟기를 며칠씩 하는 것이 보통이었으나 현재는 음복하고 난 후에 간단히 매구치고 노는 것이 일반적이다. 이는 당제에 참석하는 사람들이 줄어들고 마을이 노령화되어 매구 칠 사람이 줄어듦에 따라 나타난 불가피한 현상으로 보인다. 그리고 과거에는 무당을 불러 굿을 하는 곳이 많았으나 현재는 대부분 유교식으로 당제를 모시고 있다.

이상 여수 지역의 당제에서 발견할 수 있는 특징과 변화양상은 마을공동체 단위의 결속력이 산업화에 따른 문화변동으로 급속히 약화되었거나 문화적 잔존물로 남아 있다는 것을 잘 보여준다. 이러한 경향은 농어촌인구의 급격한 감소와 노령화가 가장 큰 원인으로 작용하고 있는 것으로 보이며, 제신과 제장의 축소, 제관 선정 절차의 생략, 제의 절차와 제물의 간소화, 제의 시간의 변화와 단축, 금기의 약화, 풍물굿의 약화나 중단, 성역 표시의 약화나 생략, 축문의 한글화나 생략 등으로 구체화되고 거의 대부분의 마을에서 갈수록 심화되고 있다.

풍어를 기원하는 해양축제의 전통

- **분류** 민속문화
- **유형** 민간신앙
- **시대** 시대구분 없음
- **지역** 여수시 국동어항단지

영당풍어굿의 개념과 전승양상

풍어굿은 바다라는 생업의 터전과 밀접한 관계를 맺고 있는 수산의례이다. 바다는 육지보다 불안하고 위험하여 기후와 조류 등의 변화에 항상 민감하게 적응해야만 생존할 수 있는 곳이다. 그래서 바다를 삶의 터전으로 삼는 이들은 예로부터 초자연적 존재에 의존하여 자연과 관계를 맺으며 살아가는 독특한 믿음체계를 발전시켜왔다. 영당풍어굿도 어업을 생업으로 살아온 여수사람들의 안녕과 풍어를 기원하는 바람이 담겨있는 제례의식이다.

원래 여수에서는 고려 말 최영 장군의 충의와 용맹을 기리기 위해 당우(堂宇)를 건립하고 용왕신과 산신, 그리고 최영 장군을 봉안하였다고 한다. 그러나 임진왜란을 승리로 이끈 이순신 장군이 1598년 노량해전에서 운명하자 이 고장 주민들이 공의 위업을 기리고 바다의 수호신으로 모시고자 이대원, 정운 장군 등과 함께 영정을 봉안하고 제를 지냈다. 이를 통해 여수 영당이 지역성 및 전라좌수영의 전통과 밀접한 관련이 있음을 알 수 있다.

영당풍어굿은 해마다 정월 대보름이면 영당 앞에서 지역유림들이

유교식 풍어제를 올렸고, 무당들은 지역의 안녕과 풍어를 비는 용왕굿(풍어굿)을 지내는 이중구조를 가지고 있었다. 또한 영당 앞을 지나는 배들은 고사미를 내고 고사를 지낸 후에 출어하는 풍속이 있었다고 한다. 바다의 수호신으로 받드는 정성이 그만큼 각별했던 것이다. 그러나 일제에 의해 1943년 영당이 철폐되었고 풍어제와 풍어굿이 일시 중단되기도 하였다.

영당풍어굿의 복원과 구성

1979년 뜻있는 사람들에 의해 영당풍어굿이 복원되었고, 1980년에는 향토민속문화보존회가 결성되었으며, 2년 후인 1982년 현재의 당집이 복원되었다. 영당은 여수 국동어항단지 내에 자리하고 있는데, 어항단지를 조성하면서 인근을 매립하기 전에는 당머리라고 불리는 언덕 위에 당집이 있었다. 여수 사람들은 그 당집을 영당 또는 해신당이라 불렀다. 영당은 여수에서 돌산읍으로 넘어가는 돌산대교 밑에 위치해 있는데 정면으로 남해바다에 접해 있다. 본당을 중심으로

영당풍어굿. 영당풍어굿은 해마다 정월 대보름이면 영당 앞에서 지역유림들이 유교식 풍어제를 올렸고, 무당들은 지역의 안녕과 풍어를 비는 용왕굿(풍어굿)을 지내는 이중구조를 가지고 있었다.

사각형의 담이 둘러쳐져 있고 정면에는 입구가 있다. 현재 영당 안에는 총 6위의 신격이 모셔져 있다. 양 측면에 산신과 용왕신, 정면에 정운 장군, 이순신 장군, 최영 장군, 이대원 장군이 좌정해 있다.

영당풍어굿은 복원된 이후 여수의 대표적인 지역축제인 진남제(2004년 거북선축제로 명칭 변경) 프로그램의 하나로 해마다 연행되어 왔다. 그러나 진남제가 1967년에 시작된 것에 비하면 영당풍어굿은 15세기로 소급해 올라갈 수 있기 때문에 그 역사적 성격으로 본다

영당. 1979년 뜻있는 사람들에 의해 영당풍어굿이 복원되었고, 1980년에는 향토민속문화보존회가 결성되었으며, 2년 후인 1982년 현재의 당집이 복원되었다.

면 영당풍어굿이 진남제의 중심이 되는 셈이다. 또한 영당풍어굿은 1991년 제32회 전국민속예술경연대회에 전라남도 대표로 참가하여 대통령상을 수상하기도 하였다.

원래 영당풍어굿은 유림과 무당에 의해 이틀 동안에 걸쳐 진행되던 큰 굿으로 청신(請神)굿, 오신(娛神)굿, 퇴신(退神)굿이 있으며 20여 개의 작은 굿거리로 이루어져 있었다고 한다. 복원된 풍어굿 12거리는 ①영당 고유제, ②당기받기, ③용왕맞이굿, ④넋맞이굿, ⑤고풀이, ⑥도새굿, ⑦걸립굿, ⑧어장굿, ⑨오방굿, ⑩액맞이굿, ⑪헌석굿, ⑫뒷전굿(갯불 띄우기)의 순으로 이루어져 있다. 무가는 피리, 꽹과리, 징, 장고 등의 악기가 연주되는 가운데, 굿거리에 따라 진양, 중모리, 중중모리, 자진모리, 살풀이, 흘림 등의 장단에 맞춰 부르고, 민요는 농악반주에 메기고 받는 형식으로 가창된다.

해양축제로서의 영당풍어굿의 가치

영당과 영당풍어굿은 이순신과 관련된 여수의 대표적인 무형문화자원으로 여수 사람들의 생활사와 밀접하게 연관된 해양신앙자료이다. 영당과 영당에서 벌어진 굿놀이는 해양축제의 전통을 대변해준다. 해양축제의 전통은 이 시대를 살아가는 사람들이 새롭게 해석하고 수용할 문화자원이라고 할 수 있다. 최근 들어 해양문화가 주목받는 추세이므로 해양축제의 전통을 새롭게 회복할 필요가 있다. 또한 2012년에 개최되는 여수세계박람회의 배경에는 해양과 해양문화 중심지라는 여수의 정체성이 바탕에 깔려 있다. 이런 점에서도 해양문화의 전통인 영당풍어굿을 소중한 전통으로 자리매김하고 적극적으로 보전해 나가야 할 것이다.

노동과 노래, 춤이 어우러진 종합민속예술

- **분류** 민속놀이
- **종목** 전라남도 무형문화재 제7호
- **지정일** 1982년 10월 15일
- **소재지** 여수 소라면 현천리

소동패의 개념과 운영방식

여수 지역은 바다를 무대로 삶을 일구는 어업지역으로서의 특성과 농사를 생업활동으로 하는 농경지역으로서의 특성을 함께 지니고 있는 곳이다. 여수 지역에서 전해 내려오는 다양한 무형문화재는 그러한 생업활동과 삶의 편린을 잘 간직하고 있는 문화유산이다.

소동패는 남도지방에 널리 분포하고 있던 공동노동조직인 두레의 한 형태였다. 두레조직은 가입연령에 따라 20세 이상의 성년들로 이루어진 대동패와 16세 이상 20세 미만의 연령층으로 구성되는 소동패로 나누어져 있었다. 전통 농경사회에서는 집중적인 노동력이 필요한 농번기에 노동력을 충당하기 위해 마을공동체를 중심으로 다양한 공동노동조직을 발전시켰다. 그 중 하나가 두레였고 소년층을 중심으로 조직되어 있었던 두레의 한 형태가 소동패였던 것이다. 소동패들은 모내기라든가 김매기, 풀베기 등의 공동노동을 수행하였는데, 마을 어른들의 지도 아래 마을 어른들이 선발한 두목, 공헌, 좌상, 앞소고, 뒷소고, 영(令) 등으로 조직되어 있었다. 소동패의 우두머리로는 언변이 뛰어나고 영리하며 성실하고 건강한 자가 선발되었다고 한다.

현천소동패놀이. 소동패놀이는 소동패가 노동의 능률을 높이고 노동의 고달픔과 지루함을 잊기 위하여 자생적으로 발전시켰던 풍물이나 노래, 춤, 놀이 등을 일컫는다.

ⓒ 여수지역사회연구소

현천소동패놀이 전수관과
대통령상수상기적비.

소동패는 우두머리를 중심으로 규약을 철저히 지켜가면서 농사일을
담당하는 방식으로 운영되었다.

현천리에서 대동패와 소동패 조직이 활발히 활동하고 있었을 때에
는 음력 칠월칠석날 마을 어귀에 있는 속칭 양반당산에서 당산제를
지냈다고 한다. 당산제를 지내면서 대동패와 소동패가 함께 풍물을
치며 놀았고, 대동패들은 한 해 동안 농사일로 애쓰고 있는 소동패들
을 위로하고 격려하였다고 한다.

일과 놀이의 결합인 소동패놀이

소동패놀이는 이러한 소동패가 노동의 능률을 높이고 노동의 고달
픔과 지루함을 잊기 위하여 자생적으로 발전시켰던 풍물이나 노래,
춤, 놀이 등을 일컫는다. 소동패놀이는 일터로 나갈 채비를 할 때부터
일을 파하고 돌아올 때까지의 과정을 거치면서 연행되는 다양한 노래
와 춤으로 구성된다. 아침 일찍 일터로 가기 전에 아침밥을 재촉하는
'조반소고(朝飯小鼓)', 영기(令旗)를 세워 놓고 일터로 빨리 모이라는

‘모임소고’, 전원이 모여 일터로 향하면서 연행하는 ‘길소고’ 등이 이어진다. 그리고 논을 맬 때는 ‘매기노래’를 부른다. 논을 매고 있을 때다른 마을의 두레패가 ‘대동길굿’을 치면서 나타나 전갈을 청하는 ‘전갈청하기’를 하면 이에 화답하는 ‘전갈올리기’가 행해지면서 양쪽편이 서로 영문(營門)을 잡고 ‘힘겨루기’, ‘밀치기’, ‘한량겨루기’ 등이 이어진다. 이러다가 승패가 결정이 나면 양쪽편이 서로 어우러져 풍물을 치면서 일체감을 표현한다. 이때의 풍물은 기교를 부린 풍물이 아니라 꽹과리 가락에 맞춘 법고놀이가 주축을 이룬다. 이때 부르는 ‘논매기놀이’, ‘등화타령’, ‘허령타령’, ‘방애타령’ 등의 농요는 박진감 있고 경쾌한 가락으로 동작과 놀이에 따라 다양하게 펼쳐진다.

이러한 소동패놀이는 노동과 노래, 춤이 어우러져 조화를 이룬 종합민속예술이며, 마을 사람들간의 화목과 단합 그리고 어른에 대한 예절을 중시한 농촌사회의 전통을 담고 있다.

현천소동패놀이의 복원과 전승

민속연희를 집단연희와 개인연희로 나누어볼 때, 소동패놀이는 강강술래, 고싸움놀이, 줄다리기, 땅뺏기놀이, 짱치기, 달집태우기 등과 함께 전라남도를 대표하는 집단연희에 속한다. 1970년대 말 진남제전위원회민속실(鎭南祭典委員會民俗室)에서 발굴하여 복원시킨 소라면 현천리의 소동패놀이는 여수 지역의 농경문화가 잘 스미어 있는 민속연희이다. 현천소동패놀이는 1980년 광주에서 열린 제11회 남도문화제에 출전하여 우승을 차지하였고, 1981년 인천에서 개최된 제22회 전국민속예술경연대회에서 최우수상인 대통령상을 받은 이후 1982년 10월에 전라남도 무형문화재 제7호로 지정되었다. 또한 1999년 현천리 마을 뒤편에 소동패놀이전수관을 건립하여 찾아오는 외지인들에게 풍물을 가르치고 있다.

여수 지역 시장의 모태

- **분류** 생활문화
- **유형** 재래시장
- **시대** 근현대
- **소재지** 여수시 서교동, 교동

여수 지역 시장의 역사

여수는 조선 태조 5년(1396) 고려 때의 여수현(麗水縣)을 없애고 순천부(順天府)에 속하게 한 이후 영조 원년에서 2년까지(1725~1726년) 여수도호부(麗水都護府)를 설치한 시기를 제외하고 고종 34년(1897) 여수군(麗水郡)을 설치하기 전까지 독립된 행정단위를 구성하지 못했다. 이로 인해 18세기 후기 이후의 『동국문헌비고(東國文獻備考)』(1770), 『임원십육지(林園十六志)』(1830), 『군현지도(郡縣地圖)』(1872), 『조선요람(朝鮮要覽)』(1909) 등의 문헌기록에 현재 여수에 있는 장시에 대한 기록이 명확히 나와 있지 않다. 다만 현재 서시장의 모태라고 할 수 있는 순천도호부(順天都護府)의 수영장(서정장)이 『동국문헌비고』와 『군현지도』에 나와 있고 이 수영장이 1938년 4일과 9일에 열리는 5일장인 서사장이라는 이름으로 불리다가(황인창 "제10장 시장과 유통", 문정창, 『조선의 시장』, 1941, 한국정신문화연구원 편, 『전라남도의 향토문화(하)』, 437쪽에서 재인용) 현재의 서시장이라고 부르게 된 것으로 추측된다.

1982년 6월에 출간된 『여수·여천향토지(麗水·麗川鄕土誌)』의 '시

1. 서시장
2. 3. 4. 남산시장(여수수산물특화시장)
5. 교동시장(여수풍물시장)
연등천을 사이에 끼고 동서로 형성된 남산시장과 서시장이 여수 지역 시장의 모태라고 할 수 있다. 여수 서시장은 일제강점기인 1930년대부터 물물교환의 장으로 자연발생적으로 형성되었다.

장현황'(526쪽)에는 총 12개의 시장에 대한 개황이 나와 있다. 여수시 서교동(西校洞) 280번지에 위치한 서시장(西市場)은 총 681평으로 30동의 건물과 220개 점포에서 의류, 일용잡품, 식용잡품 등을 취급하였고, 여수시 교동(喬洞) 368번지에 위치한 선어소매시장(鮮魚小賣市場)은 총 517평 면적에 1동의 건물에서 359개 점포가 선어, 건어, 식용잡품 등을 취급한 것으로 기록되어 있다.

여수 지역 시장의 현황

현재 여수시에는 13개의 시장이 있다(대형마트 3곳 제외). 이 중 등록시장은 10곳, 인정시장이 2곳, 상점가가 1곳이다. 이 중 연등천을 사이에 끼고 동서로 형성된 남산시장과 서시장이 여수 지역 시장의 모태라고 할 수 있다. 예전에 남산시장 또는 남산어시장이라 불렸던 재래시장은 현재 교동(喬洞)시장(매장면적 3,800㎡)과 수산시장(매장면적 2,310㎡)으로 나뉘어졌고 1982년 시장현대화계획에 따라 등록시장이 된 서시장(매장면적 5,418㎡)과 일제강점기인 1932년에 개설이 인정된 이후에 현재까지 장시가 서고 있는 서시장 주변시장(매장면적 16,541㎡)이 서시장으로 불리고 있다.

삼려통합 이전부터 여수의 구도심 지역은 전통 상권 밀집지역이다. 여기에는 의류와 생활용품을 취급하는 서시장, 중앙시장 등이 있고, 수산물을 주로 취급하는 교동, 수산, 수산물특화, 선어시장 등 6개의 시장이 문을 열고 있다. 현재 구도심의 전통시장은 도심 상주인구가 줄어듦에 따라 위기를 맞고 있다. 여서동, 문수동 등의 신도심 지역으로 인구가 빠져나감에 따라 구도심의 쇠퇴 현상이 가속화되고 있는 것이다. 신도심을 중심으로 문화·복지시설이 형성되는 것은 물론 2001년 이후 3개의 대형마트가 문을 열면서 구도심 재래시장을 찾는 소비자들과 매출액이 매년 줄어들고 있는 형편이다. 더욱이 시장상인의 주축을 이루고 있는 연령층이 50·60대이기 때문에 새롭게 형성된 시장 환경에 적극적으로 대응하고자 하는 주체적인 노력도 미흡한 실정이다. 이러한 상황 속에서 여수시에서는 2012 여수세계박람회를 맞이하여 구도심 재래시장의 재활성화를 위해 인프라 구축사업과 재래시장 살리기 운동을 전개하고 있다.

서시장과 교동시장

　여수 서시장은 일제강점기인 1930년대부터 물물교환의 장으로 자연발생적으로 형성되었다. 서시장은 인근 농어촌에서 생산하는 쌀, 보리, 콩 등 곡물류와 장작 등 땔감을 가져와 바지, 저고리, 양말, 생선 등과 교환하던 곳으로 5일장이 서는 여수 지역의 대표적인 전통 재래시장이다. 서시장의 명칭은 일제강점기의 지명인 서정(西町)이 해방 후 행정구역 개편 과정에서 서교동으로 변하게 되어 자연스럽게 붙여진 것이다. 서시장은 24,500평에 매장면적 18,960평 규모로 301개의 점포와 209개의 노점상들이 상가를 형성하고 있으며 일일 평균 이용객이 1만여 명에 달한다. 서교동 로터리를 중심으로 연등천을 끼고 300여m 가량 양쪽으로 들어서 있는 서시장에는 바지, 점퍼, 속옷 등 의류일체, 쌀, 콩, 참깨, 고추 등 농산물과 채소류, 서대, 명태, 양태, 갈치 등 생선류, 사과, 배, 밀감 등 과일류 등 없는 것이 없을 정도로 모든 것이 취급되고 있다. 떡집, 죽집, 국밥집, 곱창집 등 서민들이 즐겨 찾는 저렴한 음식점과 항아리판매장, 구두수선방, 철물점, 한복집 등도 곳곳에서 눈에 띈다. 여수에서 가장 큰 전통재래시장인 서시장은 오전은 비교적 한산하고 오후에 주로 사람들이 많이 오간다.

　교동시장은 오전 장이다. 서시장과 마찬가지로 연등천을 끼고 서시장의 맞은편으로 형성되어 있다. 새벽부터 이곳에 자리를 잡고 장사를 시작한 상인들은 오후 1시 무렵이면 건너편 서시장으로 자리를 옮겨간다. 교동시장은 수산물 중심 시장이고 상인들이 새벽에 수산물을 받으러 가야 하기 때문에 일찍 문을 닫는 것이다. 현재 여수시에서는 재래시장 활성화를 위해 교동시장 풍물 야시장 조성사업에 대한 실시설계를 완성하고 공사에 착공한 상태이다. 그리고 매월 마지막 주 금요일을 '공직자 재래시장 장보는 날'로 지정하여 재래시장 살리기에 진력하고 있다.

호국정신을 선양하는
여수의 대표축제

- **분류** 축제관광
- **유형** 향토축제
- **시대** 현대
- **소재지** 여수시 종화동
  여수해양공원 일대

거북선대축제의 역사와 취지

우리나라 지역축제에는 예술문화축제, 관광문화축제, 지역특산물·특성축제, 자연환경축제, 전통민속축제, 주민화합축제, 역사 및 인물축제, 조형물축제, 음식문화축제, 관광특산축제, 농산물판촉·전시축제, 문화산업축제 등 다양한 유형이 있다. 여수 거북선대축제는 이 중에서 역사 및 인물축제에 해당되며, 명확한 역사적 사실을 토대로 한 경쟁력 있는 지역축제라고 할 수 있다.

거북선대축제는 전라좌수영과 이순신 장군의 호국정신을 선양함으로써 자주정신을 키우고, 주민참여를 진작시켜 지역주민들이 단합하는 향토축제로 승화시킴으로써 애향심과 협동의식을 고취시키며, 전통적인 향토예술을 발굴하고 재현함으로써 지역문화를 창조적으로 계승하기 위한 목적에서 시작되었다. 거북선대축제의 전신인 진남제전은 그 동안 사단법인 진남제전보존회에서 운영해왔는데, 이 단체는 1979년 3월 좀 더 체계적으로 행사를 거행하고 전국규모의 향토민속대제전으로 발전시키기 위해 발족되었다. 이렇게 하여 매년 축제를 거행해오다 1998년 4월 1일 삼려통합이 이루어지자 통합정신을 발휘

2008년 거북선대축제. 해
마다 5월 4일을 전후로 하
여 나흘간 거행되고 있는
거북선축제는 1967년부터
시작된 전라좌수영 진남제
전(鎭南祭典)을 계승한 것
으로 여수 지역의 가장 큰
향토축제이며, 전라남도에
서 가장 오랜 역사를 지니
고 발진해온 축제이다

하여 여수 지역 내에서 거행되고 있던 여러 축제들을 합치자는 의견
이 대두되었고, 그 6년 후인 2004년 거북선대축제를 신설하게 된 것
이다. 국내에서 가장 역사가 오래된 호국문화축제인 진남제는 2008
년 42회를 맞이하였다.

해마다 5월 4일을 전후로 하여 나흘간 거행되고 있는 거북선축제
는 1967년부터 시작된 전라좌수영 진남제전(鎭南祭典)을 계승한 것
으로 여수 지역의 가장 큰 향토축제이며, 전라남도에서 가장 오랜 역
사를 지니고 발전해온 축제이다. 현재의 명칭인 거북선대축제는 시민
과 관광객들에게 축제의 의미와 인지도를 제고시켜 전국적이고 세계
적인 축제로 발전시켜 나가기 위해 2004년 38회 행사 때부터 명칭을
바꾼 것이다. 그리고 5월 4일을 기해 축제를 개최하는 이유는 이순신
장군의 전라좌수영 함대가 1592년 5월 4일 첫 출전하여 이후 연전연
승한 것을 기념하기 위해서이다.

거북선대축제 기간 중에는 '생선요리향토음식큰잔치'(한국음식업
중앙회 여수시지회 주관)도 함께 거행하고 있으며, 1998년 4월 1일에
이루어진 삼려통합을 기념하여 만들어진 동백가요제도 2004년부터

'거북선가요제'로 이름을 바꾸고 거북선대축제 기간 중에 함께 거행하고 있다. 또한 2006년부터는 돌산갓김치영농조합에서 주관하는 '돌산갓김치축제'를 신설하여 역시 거북선대축제 기간 중에 함께 거행하고 있다. 이는 그동안 여수 지역에서 거행되어온 다양한 축제들을 거북선대축제의 부대행사로 통합하여 여수의 대표축제로 육성하려는 노력이라고 할 수 있다.

거북선대축제와 2012 여수세계박람회

여수거북선대축제는 2006년까지 호국문화의 전통계승을 위한 행사 위주로 거행되었으나, 2007년부터 2012 여수세계박람회의 유치를 위해 여수시민의 의지와 여수의 다양한 문화예술을 선보이는 대규모 페스티벌로 발전시키면서 여수세계박람회 유치를 위한 홍보의 장으로 활용하는 변화가 나타나기 시작하였다. 2008년 거북선대축제는 여수의 전통 해양문화를 좀 더 적극적으로 계승하고 발전시키는 계기를 마련하기 위해 해양문화를 기반으로 하고 2012 여수세계박람회의 성공적인 개최를 위한 국민 화합의 장으로 삼는 것을 목표로 다양한 행사를 거행하였다. 또한 세계박람회 개최지인 여수에 대한 전 국민의 관심을 유도하고 여수의 변화된 모습과 비전을 전국적으로 홍보함으로써 성공적인 개최가 이루어질 수 있는 대국민 참여 분위기를 조성하기 위해 참여행사를 대폭 늘렸다.

전국 최대 진달래 군락지의 향토문화축제

- **분류** 축제관광
- **유형** 향토문화축제
- **시대** 현대
- **장소** 여수시 중흥동 영취산 일원

영취산과 진달래축제

부처님이 마지막으로 설법한 인도 '영취산'의 이름을 따왔다고 하는 영취산(취서산, 영축산이라고도 부름)은 창녕의 화왕산, 마산의 무학산과 함께 전국 3대 진달래 군락지로 꼽힌다. 진달래 수만 그루가 촘촘하게 맞붙어 자란 모습은 3대 군락지 중에서도 으뜸이라 할 만하다. 영취산에서 진달래 군락지를 보려면 흥국사 맞은편의 상암초등학교에서 출발하는 것이 좋다. 고개를 하나 넘으면 곧바로 진달래봉이 보이고 여기서부터 영취봉에 이르기까지 15만 평에 달하는 진달래 평원이 펼쳐진다. 영취봉 정상에 오르면 동북쪽 능선을 따라 펼쳐진 아름다운 진달래를 한눈에 감상할 수 있다.

영취산진달래축제는 여수반도의 주산인 영취산에서 국태민안, 민족통일, 시장형통, 시민안녕, 지역발전을 기원하는 전통이 깊은 산악제이며, 전국 최대의 진달래 군락지인 영취산과 지역의 문화재 및 여수국가산업단지를 연계한 향토문화축제이다. 영취산진달래축제는 1993년부터 시작되었으며, 진달래가 한창인 3월 말~4월 초에 열리는데 날짜는 해마다 조금씩 달라진다. 제16회를 맞이한 2008년에는

영취산진달래축제. 부처님 이 마지막으로 설법한 인도 '영취산' 의 이름을 따왔다고 하는 영취산은 창녕의 화왕산, 마산의 무학산과 함께 전국 3대 진달래 군락지로 꼽힌다.

진달래의 개화시기가 평년보다 1주일가량 늦어져 축제기간을 평년보다 1주일 늦춘 3월 27일부터 4월 10일까지 보름간으로 잡았고, 행사는 4월 3일부터 4월 6일까지 나흘간 열렸다. 이 축제는 영취산진달래축제위원회에서 주관하고 영취산진달래축제추진보존회에서 주최하여 거행하고 있다.

해발 439m인 영취산(가장 높은 곳은 510m인 의산봉)은 예로부터 여수 지역민들에게 신령스런 산으로 인식되어 기우제나 치성을 드렸던 곳이다. 전통 기원도량이었던 금성대가 있고 그 아래 기도도량인 도솔암이 지어져 오늘날까지 전해지고 있다. 『신증동국여지승람』과 『호남 여수읍지』에는 도솔암과 함께 기우단이 있어 매우 영험하다고 기록되어 있으며, 지방 수령들이 기우제를 지내고 기우시를 남기는 등 구한말까지 그 전통이 이어져 왔다. 현재의 영취산진달래축제도 영취산 산신제단에서 거행하는 산신제로 막을 올리고 있다.

영취산과 흥국사

　영취산을 떠올릴 때 빼놓을 수 없는 것이 흥국사이다. 이 절은 그 이름에서 알 수 있듯이 나라의 융성을 기원하기 위해 건립된 사찰이다. 흥국사는 임진왜란 때 수군 승병들이 훈련을 했고 이순신 장군을 도왔던 것으로도 유명하다. 이러한 역사적 연유로 영취산진달래축제에서는 국태민안과 호국이라는 슬로건이 중요하게 다루어지고 있다.

영취산진달래축제. 영취산 진달래축제는 1993년부터 시작되었으며, 진달래가 한창인 3월 말~4월 초에 열리는데 날짜는 해마다 조금씩 달라진다.

| 참고문헌 |

『군현지도(郡縣紙地圖)』, 1872.

『동국문헌비고(東國文獻備考)』, 1770.

『임원십육지(林園十六志)』, 1830.

『조선요람(朝鮮要覽)』, 1909.

강원식, 「어촌계에 관한 연구―경영공동체적 관점에서」, 『수산경영론집』 제1집 제1호, 한국수산경
　　　영학회, 1970.

국립민속박물관 연구과, 『전남지방 장승솟대 신앙』, 국립민속박물관, 1996.

김동수·김재식, 「여수연안 멸치어장에서 식물성 플랑크톤의 출현과 멸치 어황의 변동」, 『수산과학
　　　연구소연구보고』 제8집, 여수대학교 수산과학연구소, 1999.

김동수·이조출·김대안, 「여수해만의 해양학적 특성」, 『어업기술학회지』 제25호, 1989.

김두하, 「장승류의 명칭 고찰」, 『한국민속학』 제19집, 1986.

_____, 『장승과 벅수』, 대원사, 1991.

김양자, 『지역발전을 위한 관광 이벤트 활성화 방안』, 여수대학교 산업대학원 석사학위논문, 2005.

김우성, 「어촌계 활성화를 위한 연구」, 『수산경영론집』 제15집 제2호, 한국수산경영학회, 1984.

김준, 『갯벌을 가다』, 한얼미디어, 2004.

김준철, 『여수 금오도 연안의 어류 종조성 및 군집구조 변화』, 전남대학교 박사학위논문, 2006.

나경수, 「호남지역 동제와 지역문화」, 『호남지역 동제의 현재와 미래』, 2006년 남도민속학회 학술
　　　대회 자료집, 2006.

나경수 외, 『여수시 마을굿』, 민속원, 2008.

나경수·표인주·이경엽, 「남면 안도리 당제」, 『남도민속연구』 제3집, 1995.

나승만, 『노래를 지키는 사람들』, 민속원, 1999.

노시훈, 「루앙 아르마다 축제의 사례분석을 통한 여수 거북선축제의 활성화방안에 관한 연구」, 『프
　　　랑스학연구』 제44집, 프랑스학회, 2008.

박민정, 『어업근대화에 따른 지역성 변화 : 거문도를 사례로』, 경북대학교 박사학위논문, 2004.

박정석, 「어촌마을의 공유재산과 어촌계」, 『농촌사회』 제11집 제2호, 2001.

엄길수, 『여수·여천 지역에 분포된 석장승 연구』, 전남대학교 석사학위논문, 1997.

여수시, 『사진으로 본 여수발전사』, 1995.

여수시문화원, 『여수문화』.

여수시·조선대학교 박물관, 『여수시의 문화유적』, 2000.

여수·여천향토지편찬위원회, 『여수·여천향토지』, 1982.

옥영수, 『어촌계 어류양식업에 관한 연구』, 한국해양수산개발원, 2004.

유홍준·이태호, 「생명의 힘, 파격의 미」, 『장승』, 열화당, 1988.

______, 「장승에 나타난 민중의 모습, 민중의 의식」, 『역사비평』 제5호, 역사비평사, 1988.

이경엽, 「한국의 해양축제와 여수 진남제」, 『비교민속학』 제33집, 2007.

이경엽 외, 『여수영당, 풍어굿, 악공청』, 민속원, 2007.

이승종, 「한국 남해 멸치의 난·자치어 분포 특성과 생산량 및 환경과의 관계」, 제주대학교 박사학위논문, 2004.

이인원·김동수, 「여수연안 멸치 들망 어장의 해황과 어황의 변동에 관한 연구」, 『한국어업기술학회지』 제34호, 1998.

이종철, 「장승의 기원과 변천 시고」, 이화사학연구소, 『이화사학연구』 제13·14집, 1983.

______, 「장승기행-벅수의 해학과 갈등」, 『장승』, 열화당, 1988.

장익수, 『지역축제의 활성화 방안에 관한 연구-여수 진남제를 중심으로』, 여수대학교 산업대학원 석사학위 논문, 2004.

전남향토문화대백과사전편찬위원회, 『전남향토문화대백과사전』, 전라남도·전남대학교 호남문화연구소, 2002.

정명철, 「동제복식의 유형과 변화양상」, 『남도민속연구』 제17집, 2007.

정병호, 『민속기행』, 눈빛, 1992.

주찬순·김동수, 「여수연안 멸치 자망 어장의 해황과 어획량의 변동」, 『1996년도 추계 수산관련 학술발표회 및 공동심포지움 요지집』, 한국수산학회, 1996.

최덕원, 『남도민속고』, 삼성출판사, 1990.

한국문화상징사전편찬위원회, 『한국문화 상징사전 1·2』, 두산동아, 1992, 1995.

한국정신문화연구원 편, 『전라남도의 향토문화 상·하』, 한국정신문화연구원, 2002.